아이가 주인공인 책

아이는 스스로 생각하고 매일 성장합니다.
부모가 아이를 존중하고 그 가능성을 믿을 때
새로운 문제들을 스스로 해결해 나갈 수 있습니다.

〈기적의 학습서〉는 아이가 주인공인 책입니다.
탄탄한 실력을 만드는 체계적인 학습법으로
아이의 공부 자신감을 높여 줍니다.

아이의 가능성과 꿈을 응원해 주세요.
아이가 주인공인 분위기를 만들어 주고,
작은 노력과 땀방울에 큰 박수를 보내 주세요.
〈기적의 학습서〉가 자녀 교육에 힘이 되겠습니다.

1950년 9월 15일 국군과 국제 연합군은 **인천 상륙 작전**에 성공하여 서울을 되찾은 후 압록강 지역까지 진격하였으나 1951년 1월 5일 **중국군** 이/가 참전하여 다시 서울 이 함락되었어요. 38도선 부근에서 중국군과 서로 밀고 밀리는 전투를 계속했어요.

1953년 7월 27일 휴전선의 위치가 결정되고 포로 문제가 해결되면서 **정전협정** 이/가 체결되었고, 총소리가 멈추었어요.

❷ 그렇게 생각하는 까닭

당나라가 또배신을 할수 있기때문에 그래서 고구려랑 할 것이다.

❷ 이 작전이 전쟁에 미친 영향은 무엇일까요?

인천상륙 작전으로 원래의 남한 땅과 압록강 쪽까지 남한의 땅을 먹었다.

난이도가 낮아서 모든 아이들이 쉽게 할 수 있을 것 같습니다
재미뿐만 아니라 공부에도 도움이 될것같습니다.

나는 무열왕이 원했던 삼국통일
을 이뤘다 그래 기쁘고 뿌듯하다.

❶ /세금을 줄여 줬다

❷ 나라의 공사가 줄었다

❸ 농사를 지을수 있다

❶ 궁예는 백성을 대하는 태도가 좋지않았다 자신의 뜻대로 되지 않으면 사형을 시켰다. 또 왕건을 키우는 것만을 중요시 한다.

❷ 왕건은 백성을 위하고, 자신을 나출 줄 안다 세금을 내리고, 나라의 공사를 줄여 백성들을 편히 해주었다

❶ 신라의 삼국 통일에 몇 점을 줄 것인가요? (100점 만점에) (80)점

❷ 그 까닭은 무엇인가요?

80점을 준 이유는 당과 동맹을 맺어 삼국통
일을 한 것 때문이고 나머지 20점을 주지
않은 이유는 백제와 군사의 수 차이가 많이
났지만 백제에게 4번이나 졌기 때문이다.

우리나라의 역사를 잘 알려줍니다.

우리나라 끼리 싸우는 것기 때문에 슬프다

난이도가 낮아서 누구든 할수 있을것같다

후백제는 견훤 이/가 세웠어. 이 사람은 신라에 침략해 왕을 죽이기도 했지.

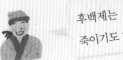
후고구려는 궁예 이/가 세운 나라야. 고려를 세운 왕건도 한때 이 사람의 신하였어.

이런 걸 중니보니 모르는것을 알게 되었다.

아주 재밌음 굿👍

학교에서는 역사를 복잡하게 배웠는데, 기적의 역사 논술은 간단하고 잘 이해되게 설명이 돼어 있어서 글을 읽는데 어려움이 없었다.

[기적의 역사 논술] 샘플을 먼저 경험한 친구들

김민제(초5)	홍도경(초5)	이다현(초5)
이유나(초5)	강태웅(초5)	박홍주(초5)
조인서(초5)	홍석진(초5)	김도현(초6)
홍예성(초6)	강성윤(초6)	김태건(초6)
윤하준(초6)	이성우(초6)	홍태강(중1)

"
고맙습니다.
우리 친구들 덕분에 이 책을 잘 만들 수 있었습니다.
"

를 찾아가 고려 의

학교, 집, 공공시설등등 전쟁 보다 나은 이 파괴 되어 일상 평화 생활도 빨리 돌아올수 없었다

재미있는데 공부도 되니까 좋았다

백제의 5천 군사여. 저번에도 오나라와 싸워 이겼으니 이번에도 열심히 싸우자! ❶

신라의 5만 군사여. 당과 동맹을 맺었으니 백제를 무너뜨리자! ❷

안녕? 난 **뚱**이라고 해. 2020살이야.

디자이너 비따쌤이 만들었는데, 길벗쌤이 날 딱 보더니 엉뚱한 생각을 많이 할 거 같다고

'뚱'이란 이름을 지어 줬어. (뚱뚱해서 지은 거 아니야! 화났뚱)

〈기적의 독서 논술〉에 처음 나왔었는데. 혹시 날 알까?

〈기적의 역사 논술〉에 내가 빠지면 섭섭하잖아? (나만... 그런가?) 여기서는 주로 탐험뚱, 읽는뚱, 쓰는뚱, 생각뚱,

탐구뚱, 박사뚱, 말뚱, 놀뚱, 쉴뚱, 갓뚱!의 모습으로 나와. ( 뚱 아니야! 잘 봐~)

너희들 읽기도 쓰기도 하는 둥 마는 둥 할까 봐 내가 아주 걱정이 많아. 그래서 살짝뚱 도와줄 거야.

같이 해 보자고!! 뚱뚱~~

와썹맨! YO!
한국사 공부는 SWAG이지!
외쳐 조선, 외쳐 훈민정음 ♪

줄줄이 한국사 연표

3권 조선1

1392

**고려 멸망,
조선 건국**

왕위에 오른 태조
이성계는 나라 이름을
'조선'으로 바꾸었어.

1394

한양 천도

경복궁 완성 **1395**

조선 시대 사람들은
지금의 주민 등록증처럼
신분을 증명하는 호패를
들고 다녔어.

1402

호패법 실시

1400

태종 즉위

일본군이 쳐들어온 전쟁을
임진왜란이라고 해. 이순신과
조선 수군이 학익진 전법으로
일본 수군을 물리쳤어.

1485

조선 최고의
법전이야!

성종, 『경국대전』 완성

1592

**임진왜란,
한산도 대첩**

1598

노량 해전

1597

일본군이 다시
공격을 시작했지.

정유재란

1593

행주 대첩

이 해전을 마지막으로
7년간의 전쟁이 끝났고,
이순신도 전사했어.

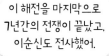

1776

**정조 즉위,
규장각 설치**

수원 화성 완공 **1796**

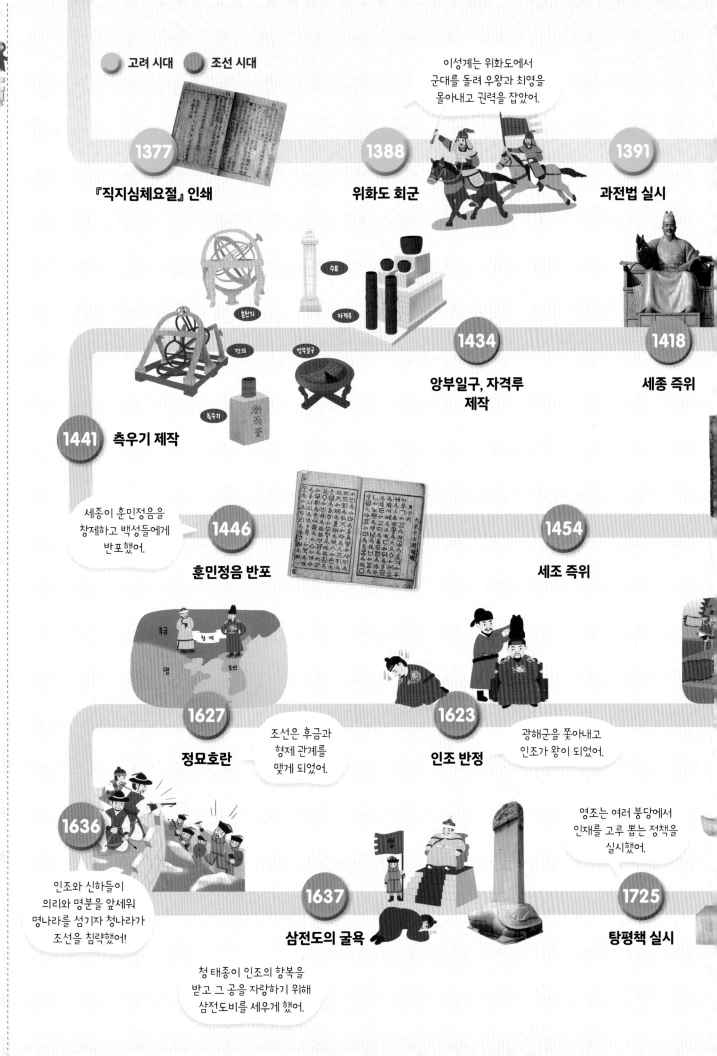

고려 시대　조선 시대

1377
『직지심체요절』 인쇄

1388
위화도 회군

이성계는 위화도에서
군대를 돌려 우왕과 최영을
몰아내고 권력을 잡았어.

1391
과전법 실시

1418
세종 즉위

1434
앙부일구, 자격루
제작

수표
자격루
혼천의
간의
앙부일구
측우기

1441　측우기 제작

세종이 훈민정음을
창제하고 백성들에게
반포했어.

1446
훈민정음 반포

1454
세조 즉위

후금
명
조선
형제

1627
정묘호란

조선은 후금과
형제 관계를
맺게 되었어.

1623
인조 반정

광해군을 쫓아내고
인조가 왕이 되었어.

1636

인조와 신하들이
의리와 명분을 앞세워
명나라를 섬기자 청나라가
조선을 침략했어!

1637
삼전도의 굴욕

청 태종이 인조의 항복을
받고 그 공을 자랑하기 위해
삼전도비를 세우게 했어.

영조는 여러 붕당에서
인재를 고루 뽑는 정책을
실시했어.

1725
탕평책 실시

한국사 맥락 읽기로 **초등 논술**을 완성한다

기 적 의
역사 논술

길벗스쿨

기적의 역사 논술 ③ 권

초판 1쇄 발행 2020년 7월 17일
초판 9쇄 발행 2023년 11월 1일

지은이 이정은
발행인 이종원
발행처 길벗스쿨
출판사 등록일 2006년 6월 16일
주소 서울시 마포구 월드컵로 10길 56(서교동 467-9)
대표 전화 02)332-0931 | **팩스** 02)323-0586
홈페이지 www.gilbutschool.co.kr | **이메일** gilbut@gilbut.co.kr

기획 신경아(skalion@gilbut.co.kr) | **책임 편집 및 진행** 최새롬, 서지혜, 김량희
제작 이준호, 손일순, 이진혁, 김우식 | **영업마케팅** 문세연, 박선경, 박다슬 | **웹마케팅** 박달님, 정유리, 권은나, 이재윤
영업관리 김명자, 정경화 | **독자지원** 윤정아, 전희수

디자인 디자인비따 | **일러스트** 김설희, 유재영 | **전산편집** 린기획
CTP출력 및 인쇄 벽호인쇄 | **제본** 벽호인쇄

▶ 잘못 만든 책은 구입한 서점에서 바꿔 드립니다.
▶ 이 책은 저작권법에 따라 보호받는 저작물이므로 무단전재와 무단복제를 금합니다.
  이 책의 전부 또는 일부를 이용하려면 반드시 사전에 저작권자와 출판사 이름의 서면 동의를 받아야 합니다.

ISBN 979-11-6406-579-0 63910
(길벗스쿨 도서번호 10910)
정가 13,000원

독자의 1초를 아껴주는 정성 길벗출판사

길벗스쿨 | 국어학습서, 수학학습서, 유아학습서, 어학학습서, 어린이교양서, 교과서
길벗 | IT실용서, IT/일반 수험서, IT전문서, 경제실용서, 취미실용서, 건강실용서, 자녀교육서
더퀘스트 | 인문교양서, 비즈니스서
길벗이지톡 | 어학단행본, 어학수험서

기원전(BC), 기원후(AD)는 역사의 기준점이 되는 시대 구분 표시인데요.
2020년을 기점으로 BC와 AC의 개념이 달라졌다고 해요.
Before Corona | After Corona

지금 우리는 새로운 역사의 기점에서 또 다른 역사를 만들고 있습니다.
버티고, 이기면서 대한민국의 미래를 만들어 갈 여러분들을 응원합니다!

역사를 잃은 민족에게 미래는 없다!
역사를 아는 아이의 미래는 밝다!

어렸을 때 MBC에서 방영했던 〈조선 왕조 500년〉이라는 드라마를 열혈 시청했다. 한번 역사 드라마에 푹 빠져들다 보니, 줄줄이 이어지는 역사 드라마를 보지 않고는 배기지 못했고, 관련 책도 찾아 읽게 되었다. 학교에서 배우는 역사도 흥미진진했다. 내가 아는 인물과 사건이 교과서 여기저기에서 튀어나오니 재미있을 수밖에 없었다. 덕분에 나의 역사에 대한 애정은 시간이 갈수록 높아졌고, 더 많은 것이 알고 싶어 한국사, 세계사 관련 책을 열심히 찾아 읽게 되었다.

그런데 아이들에게 역사가 좋으냐고 물으면, 대부분 얼굴을 찡그린다. 케케묵은, 나와는 상관도 없는 옛날 옛적의 이야기를 왜 알아야 하느냐고 따지는 듯하다. 또, 외울 건 어찌나 많은지 공부도 하기 전에 질린다는 표정이다. 상황이 이러니, 역사를 공부하면 뭐가 좋은지 얘기하는 건 공허한 잔소리가 될지도 모르겠다. 그래서 전략을 바꾸기로 했다. 역사에 흥미를 느낄 수 있는 방법을 찾아 〈기적의 역사 논술〉에 적용하기로 한 것이다. 〈기적의 역사 논술〉은 다음의 3가지를 기본 줄기로 삼았다.

첫째, 역사는 이야기로 만나야 한다.

역사는 외울 게 산더미 같이 많은 지겹고 따분한 암기 과목이 아니라, 나와 다르지 않은 사람이 자신이 태어난 시대를 열심히 살았던 이야기이다. 〈기적의 역사 논술〉을 통해 타임머신을 타고 역사 속으로 들어가 사람들을 만난다면, 그들이 만나고 겪은 사람과 사건들이 오래오래 머리와 마음에 남을 것이다.

둘째, 역사는 시간 순서대로 만나야 한다.

역사 속 사건들을 단편적으로 공부한다면, 머릿속에서 파편처럼 돌아다니다가 금세 사라져 버릴 것이다. 역사 속 사건들은 꼬리에 꼬리를 물고 이어진다. 〈기적의 역사 논술〉은 선사부터 현대까지의 역사를 시간 순서대로 엮었다. 역사를 시간 순서대로 공부한다면, 과거의 사건이 현재와 미래에 강력한 영향력을 발휘한다는 것을 깨닫게 될 것이다. 더불어 현재를 살고 있는 우리가 미래를 준비할 때 필요한 지혜도 덤으로 얻게 될 것이다.

<u>셋째, 역사는 인물 중심으로 만나야 한다.</u>

역사 속 모든 사건은 인물들이 중심이 되어 이끌어 간다. 수많은 역사 속 인물들이 자신에게 주어진 과제를 해결하기 위해, 혹은 자신에게 닥친 고난을 극복하기 위해 고민하고, 선택하고, 행동했다. 〈기적의 역사 논술〉은 자신의 시대를 치열하게 살아간, 때로는 넘어지고, 때로는 큰 업적을 만들어 낸 사람들의 이야기를 담았다. 그들의 고민과 선택과 행동이 역사의 줄기를 어떤 방향으로 이끌었는지 살펴본다면, 나의 미래를 바른 방향으로 이끄는 데 톡톡히 큰 도움을 줄 것이다.

역사를 공부해야 하는 이유를 교육 과정에서 한국사의 비중이 높아졌고, 수능 시험에서 한국사가 필수 과목이 되었으며, 모든 공무원 시험에서 한국사가 필수가 되었다는 것에서 찾는다면, 좀 아쉽고 서글플 것 같다. 역사는 그보다 훨씬 재미있고, 더 높은 가치를 갖고 있기 때문이다.

역사는 수많은 사람들이 자신들의 시대를 열심히 산 결과물이다. 역사 속 인물들의 삶을 따라가면서 그들과 함께 고민하고 선택하고 행동한다면, 시대를 이해하는 힘과 공감하는 능력이 생길 것이다. 또한, 역사 속에서 오늘과 내일을 살아갈 지혜를 얻게 될 것이다. 과거의 일들이 현재에 영향을 미치듯이, 오늘 우리가 어떤 모습으로, 어떤 선택들을 하며 살아가느냐에 따라 미래가 결정될 것이기 때문이다.

이 책을 만난 친구들이 그 누구보다 멋진 미래 인재로 자라나기를 바란다.

2020년 뜨거운 여름, 저자 일동

〈기적의 역사 논술〉은 매주 한 편씩 한국사 스토리를 통해 역사적 맥락을 이해하고, 그 의미를 파악하며 생각을 써 보는, 초등 고학년을 위한 통합 사고력 프로그램입니다.

달달 외우거나 한 번 보고 끝나는 단편적인 공부가 아니라 스토리로 재미있게, 논술로 의미있게 맥락을 따라가 보세요. 대한민국의 과거를 통해 현재를 생각하고, 미래를 만들어가는 깊이 있는 공부가 될 것입니다.

1 역사 논술 시대별 구성 (전 5권)

| 선사~남북국 | 고려 | 조선 1 | 조선 2~대한 제국 | 일제 강점기~현대 |

2 외우지 않아도 맥락이 잡히는 한국사 스토리

한국사를 공부할 때 반드시 등장하는 주요 인물, 사건, 문화유산 등 초등학생이라면 알아야 하는 40가지 스토리를 담았습니다. 시간의 흐름대로 역사는 어떻게 시작되었고, 어떻게 흘러왔으며, 어떻게 흘러가고 있는지 알 수 있습니다. 옛날 이야기 읽듯, 동화 한 편을 보듯 천천히 곱씹으며 읽어 보세요. 흐름을 따라가다 보면 그 시대의 맥락을 이해하는 데 도움이 됩니다.

3 역사 공부의 이해를 돕는 키워드 & 그림 & 사진 자료

한국사는 용어가 핵심입니다. 이 책에서는 키워드를 중심으로 한자 풀이도 함께 제시하여 그 의미를 한 번 더 짚어 보도록 하였습니다. 또한 스토리의 이해를 돕는 그림과 사진 자료는 한국사를 조금 더 쉽게 공부할 수 있도록 해 줍니다.

4 통합 사고력, 문제 해결력, 의사 결정력을 키우는 탐구형 논술

이 교재에서 추구하는 논술은 통합 사고력을 키우는 것입니다. 사실에 기반한 역사 스토리를 통해 사건의 전후 관계를 파악하고 이해한 바를 표현해 보는 것이 주된 목표입니다. 읽고, 생각하고, 써 보는 과정에서 논리가 생기고, 비판적인 눈으로 인물과 사건을 바라보는 능력이 자랍니다. 사건 속에 들어가서 그때 그 인물은 왜 그런 선택을 했는지, 나라면 어떻게 했을지 생각해 보고, 그 생각을 표현할 때 문제 해결력을 키우고, 의사 결정력을 갖추게 됩니다.

⑤ 교과 연계 핵심 커리큘럼

권	주	기적의 역사 논술 전체 커리큘럼	교과 연계 핵심 내용(3-2/5-2/6-1 사회)
1권 선사~남북국	1	선사 시대 사람들은 어떻게 살았을까?	역사의 의미
	2	한반도 최초의 나라, 고조선	선사 시대와 고조선의 등장
	3	고구려의 왕자, 백제를 건국하다	여러 나라의 성장
	4	대제국을 건설한 고구려	고대 국가의 등장과 발전(삼국의 발전)
	5	역사 속으로 사라진 철의 나라, 가야	삼국의 성장과 통일
	6	김유신, 삼국 통일의 주역	통일신라
	7	불국사와 석굴암	불국사와 석굴암
	8	발해, 고구려를 계승하다!	발해
2권 고려	1	왕건, 후삼국을 통일하다	고려 문벌 귀족 사회의 형성과 변화
	2	광종, 강력한 힘을 가진 왕	독창적 문화를 발전시킨 고려
	3	서희, 말로 거란의 칼을 이기다	
	4	푸른 하늘과 바다를 품은 고려청자	고려청자
	5	무신들의 세상이 오다	무신 집권기
	6	고려, 몽골의 자존심을 꺾다	몽골의 간섭
	7	팔만대장경으로 나라를 지키다	금속 활자와 그 의의, 팔만대장경
	8	공민왕, 고려의 부활을 꿈꾸다	몽골의 간섭
3권 조선 1	1	이성계, 조선을 건국하다	이성계 조선의 건국
	2	한양으로 도읍을 옮기다	유교 문화의 성숙
	3	조선의 과학을 꽃피운 세종	민족 문화를 지켜나간 조선
	4	훈민정음의 탄생	세종, 훈민정음
	5	임진왜란이 일어나다	임진왜란
	6	병자호란, 누구의 책임인가	병자호란
	7	수원 화성, 정조의 꿈을 품다	영·정조의 개혁 정치
	8	서민들이 문화를 즐기다	서민 문화의 발달
4권 조선 2~대한 제국	1	흥선 대원군, 개혁을 추진하다	흥선 대원군의 개혁 정치
	2	일본과 맺은 불평등한 강화도 조약	강화도 조약과 조선의 개항
	3	3일 천하로 끝난 갑신정변	개화파 중심의 근대 개혁
	4	동학 농민군이 바란 세상	새로운 사회를 향한 움직임(동학 농민 운동)
	5	일본, 명성 황후를 시해하다	을미사변
	6	독립신문, 한 장에 한 푼이오!	자주 독립을 위한 노력
	7	을사5적, 일제에 나라를 팔아먹다	일본에 외교권을 빼앗긴 대한 제국
	8	나라를 지키려는 백성들의 피, 땀, 눈물	나라를 지키기 위한 노력(의거 활동)
5권 일제 강점기~현대	1	나라를 빼앗기다	일제의 식민 통치
	2	3·1 운동, 대한 독립 만세!	나라를 되찾기 위한 노력
	3	봉오동 전투와 청산리 대첩	
	4	나라를 되찾기 위해 싸우다	독립운동가의 활동
	5	8·15 광복을 맞이하다	8·15 광복
	6	민족의 아픔, 6·25 전쟁	6·25 전쟁
	7	4·19 혁명이 일어나다	자유 민주주의 시련과 발전
	8	자유 민주주의가 발전하다	

고학년을 위한 **역사 논술**

사회 교과서에서 배우게 되는 한국사를 이 책에서는 스토리(이야기) 중심으로 풀었습니다. 시대 순으로 배열되어 있는 이야기 한 편을 꼼꼼하게 읽어 보세요. 키워드로 제시되는 주요 인물의 이름, 사건명, 지명, 문화유산 등을 한번 더 짚고 넘어간다면 전체적인 맥락을 파악하는 데 도움이 될 것입니다. 스토리에서 다룬 핵심 내용과 용어를 정리하는 퀴즈, 시대를 연결하고 해석해 볼 수 있는 탐구형 논술 문제도 도전해 보세요. 여러분이 그 시대의 주인공이라면 어떻게 판단했을지 생각 하면서 부모님과 함께 대화해 보는 시간을 가져도 좋겠습니다.

🌸 학습 계획 세우기

한 주에 한 편씩, 천천히 읽고 공부하도록 주제별 2일차 학습 설계를 제안 합니다. **1일차**에는 역사 스토리를 읽고, **2일차**에는 논술을 해 봅시다. 11쪽 차례를 보면서 학습 계획을 세우고, 스스로 점검해 보기 바랍니다.

🌸 학습 순서

이때는 말이야 [주제별 연표]

한 권에 시대별 주요 사건을 중심으로 8가지 주제 를 담았습니다. 사회 교과서 어느 부분에 있는 내 용인지 확인해 보고, 주제를 담고 있는 그림도 살 펴보세요. 각 장의 주제를 중심으로 앞뒤에 어떤 일들이 있었는지 연표를 통해 확인하고 어떤 이야 기가 전개될지 예상해 봅니다.

1step 스토리 읽는 중

Hi-story [역사 이야기]

초등학생이라면 꼭 기억해 두어야 할 한국사 속 인물, 사건, 문화유산 등을 다양한 방식의 이야기로 제시합니다.

🔑 좌우에 제시한 키워드와 용어 설명은 역사적 맥락 읽기의 열쇠입니다. 글을 읽으면서 한번 더 꼼꼼하게 짚어 봅시다.

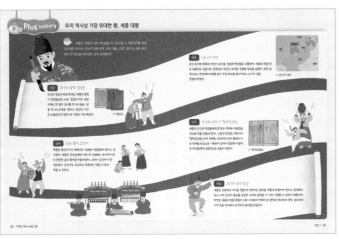

Plus history [역사 더하기]

이 코너에서는 스토리에 다 담지 못했던 역사 내용을 자료나 이미지 등을 활용하여 한 발짝 더 들어가 봅니다.

2step 스토리 읽은 후

history Point [역사 포인트]

이야기의 핵심이 되는 내용과 용어를 퀴즈를 통해 확인합니다. 막힘없이 퀴즈를 풀었다면 앞의 이야기를 잘 읽고 이해했다는 증거입니다.
문제마다 바로바로 답이 나오지 않았다면 Hi-story로 가서 한 번 더 읽고 오세요.

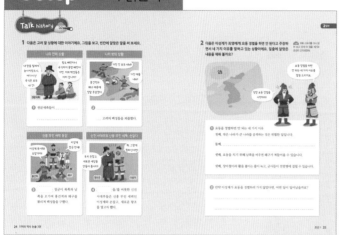

3 step 스토리 읽은 후

Talk history [역사 토론 논술]

앞서 읽었던 이야기를 떠올려 보고, 탐구형 논술 문제에 답하면서 역사를 해석하고 비판해 보는 시간을 가져 봅시다. 역사는 어떻게 전개되었으며, 우리가 어렴풋이 알고 있던 인물과 사건의 의미, 자랑스러운 문화유산의 가치, 새로운 사회를 향한 움직임, 전쟁의 고통, 광복의 기쁨 등을 주제로 한 이야기를 통해 우리가 한번쯤 생각해 봐야 할 문제들을 논리적으로 풀어 쓰는 연습을 할 수 있습니다.

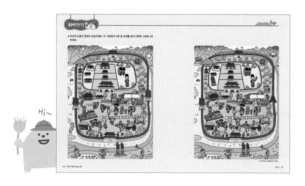

쉬어가기

미로 찾기, 틀린 그림 찾기, 숨은 그림 찾기 등 재미있는 게임을 통해 그동안 쌓인 역사 지식을 뽐내 보세요.

부록 줄줄이 한국사 연표 [권별로 1장씩 들어 있어요]

연표는 역사를 시간 순서대로 기억하는 데 도움이 됩니다. 이 책에서는 한국사의 흐름을 한눈에 볼 수 있는 연표를 시대별로 1장씩 제공합니다.
각 권의 시대별 연표를 줄줄이 이으면, 내 키만한 한국사 연표가 완성됩니다.

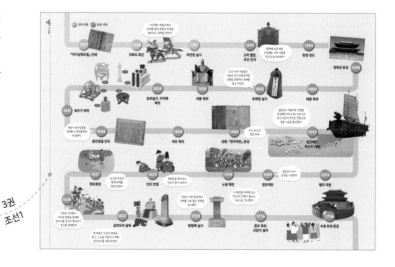

차례 보고 세우는 학습 계획표

1 이성계, 조선을 건국하다

 이때는 말이야~

5-2 1. 옛사람들의 삶과 문화
③ 민족 문화를 지켜 나간 조선

고려의 자주적인
개혁 정치를 펼친 왕이었지.

이성계 장군,
새 나라를
함께 세워 볼까요?

좋지요!

공민왕의 죽음
1374

1359
홍건적의
침입

머리에 붉은색 두건을
두르고 있다고 해서 우리를
홍건적이라 불렀어.

1383
정도전과 이성계의
첫 만남

이성계가 조선의
제대 왕이 되었어.

**고려 멸망,
조선 건국**

위화도 회군

위화도에서 개경으로
군사를 돌려라!
개경을 점령하라!

1388

1391

과전법 실시

관리의 등급에 따라
토지를 나누어 준 제도를
실시했어.

1392

오늘날의 서울인
한양으로 도읍을
옮겼어.

1394

한양 천도

🔑 **키워드**

신진 사대부

新	새로울	신
進	나아갈	진
士	선비	사
大	큰	대
夫	사내	부

고려 말기에 등장한 새로운 정치 세력으로, 성리학을 공부해 과거 시험을 통해 관리가 되었다. 이들은 부패한 고려를 개혁하자고 주장했다.

홍건적: 중국 원나라 말기에 나타난 반란군으로, 머리에 붉은색 두건을 두르고 있다고 해서 홍건적이라고 불렀다.

권문세족: 대부분 원나라의 세력을 등에 업고 출세한 사람들로, 넓은 땅과 많은 노비를 거느리는 등 부와 권력을 누렸다.

귀양살이: 정해진 곳에서 부자유스럽게 지내는 생활을 의미한다.

"홍건적과 왜구가 **이성계** 장군 이름만 들어도 벌벌 떤다면서?"

"왜 아니 그렇겠나? 이성계 장군에게 혼쭐이 나서 도망갔잖아. 이성계 장군이야말로 고려의 백성들을 구할 영웅이야, 영웅!"

고려의 백성들은 이성계를 칭찬하느라 입에 침이 마르지 않았어요. 홍건적과 왜구가 툭하면 쳐들어와 백성들을 괴롭혔는데, 이성계가 북쪽과 남쪽을 오가며 외적을 무찔렀으니까요.

이성계는 다른 귀족들처럼 백성들의 재산을 빼앗지도 않았어요. 고려의 백성들은 이성계를 존경하고 사랑했어요. 많은 군사들이 이성계에게 몰려들어 군사력도 더욱 튼튼해졌지요.

1383년, 가을의 어느 날이었어요. 볼품없는 차림새를 한 선비 하나가 함경도에 있는 이성계를 찾아왔어요. 그는 바로 **신진 사대부** 중 한 명인 **정도전**이었지요.

정도전은 젊은 나이에 과거에 급제해 탄탄대로를 걸었지만, 공민왕이 죽으면서 내리막길 인생을 살게 되었어요. 급기야 원나라 사신의 마중을 거부하고 **권문세족**들에게 맞섰다가 **귀양살이**를 하기도 했어요.

정도전은 이성계의 군대를 주의 깊게 둘러보았어요.

○ **정도전(1342~1398)**: 대표적인 신진 사대부로, 이성계와 함께 조선을 건국하고 나라의 기틀을 잡았다.

이성계는 정도전을 따뜻하게 맞아 주었어요.

"그동안 오랜 귀양살이로 고생하셨다는 말은 들었습니다."

"백성들의 고통에 비하면 저의 고생은 보잘것없는 것이었지요. 귀양살이를 하면서 백성들이 얼마나 힘들게 사는지 직접 보게 되었는데, 마음이 찢어지는 듯 아팠습니다. 권문세족들은 백성들의 땅을 마구 빼앗아 많은 땅을 차지하고 있었지만, 가난한 백성들은 송곳 꽂을 땅조차 없었지요. 백성들은 굶어 죽거나, 죽지 않기 위해 도적이 되었어요. 이제 고려라는 나라에 더 이상 희망이 없는 듯합니다."

이성계는 정도전의 이야기를 듣고 천천히 고개만 끄덕였어요. 그런 이성계를 보며 정도전은 무겁게 입을 열었어요.

"장군이 가지고 있는 군대라면 무엇이든 할 수 있겠습니다."

"그게 무슨 말씀이십니까?"

이성계는 모르는 척 했지만, 함께 새로운 세상을 열자는 정도전의 말뜻을 알아채고 있었어요. 이때의 만남 이후, 이성계와 정도전은 둘도 없는 친한 사이가 되었어요.

요동

철령 이북의 땅

"그 명령만은 절대 따를 수 없습니다!"

이성계가 두 눈을 부릅뜨고 최영에게 대들었어요.

최영은 이성계와 함께 홍건적과 왜구를 물리친 고려의 명장으로, 이성계보다 나이가 훨씬 많아 이성계는 최영을 늘 믿고 따랐어요.

요동을 정벌해야 하네!

안 됩니다, 장군!

최영   이성계

그런데 이성계가 최영에게 대들다니, 대체 무슨 일일까요?

당시 중국에는 원나라가 멸망하고 명나라가 들어섰는데, 명나라가 고려에게 **철령 이북의 땅**을 내놓으라고 협박한 거예요. 하지만 이 땅은 원래 고려의 땅이었고, 공민왕이 원나라로부터 되찾은 땅이잖아요. 그런 땅을 내놓으라니, 고려로서는 화가 날 수밖에요.

고려의 왕과 최영은 명나라의 요구를 거절하였고, 이참에 원래 고구려 땅이었던 **요동**도 정복하기로 마음먹었어요.

★ 참고 자료

철령 이북의 땅: 원래 고려 땅이었는데, 원나라가 빼앗아 쌍성총관부라는 관청을 둔 곳이다. 이후 공민왕이 쌍성총관부를 공격해 이 지역의 땅을 다시 되찾았다.

요동: 중국 동쪽의 땅으로, 조선에서 중국으로 가는 길목에 위치하고 있어 군사적, 경제적으로 매우 중요한 땅이었다.

그런데 이성계가 **요동 정벌**을 강력하게 반대하는 것이 아니겠어요?

"왜 요동 정벌을 하면 안 된다는 것인가?"

이성계는 네 가지 이유를 들어 최영에게 말했어요.

첫째, 작은 나라(고려)가 큰 나라(명나라)를 치는 것은 위험하오.
둘째, 농사철에 백성들을 군사로 동원해서는 안 되오.
셋째, 요동을 치기 위해 남쪽을 비우면 왜구가 침략할 것이오.
넷째, 장마철이라 활을 붙인 풀이 녹고 군사들이 전염병에 걸릴 위험이 있소.

이성계는 끝까지 요동 정벌을 반대하였지만, 고려의 왕과 최영은 요동 정벌에 대한 뜻을 굽히지 않았어요.

1388년 여름, 어쩔 수 없이 이성계는 군사 5만 명을 이끌고 요동을 정벌하러 출발했어요. 그런데 요동으로 가는 도중 이성계의 군대는 큰 비를 만나 위화도라는 섬에 갇히고 말았어요.

이성계는 왕에게 편지를 보냈어요.

> 강물이 넘쳐 앞으로 나아갈 수 없고 굶어 죽는 군사들이 생겨나니, 부디 회군을 허락하여 주시옵소서.

하지만 고려의 왕은 이성계의 청을 들어 주지 않았어요.

그러자 이성계는 고민 끝에 군사들에게 명령을 내렸어요.

"말머리를 개경(개성)으로 돌려라!"

이것이 바로 역사를 바꾼 '**위화도 회군**'이에요.

위화도 회군		
威	위엄	위
化	될	화
島	섬	도
回	돌아올	회
軍	군사	군

이성계는 위화도에서 군사를 돌려(회군) 개경을 향해 쳐들어갔고, 이것은 조선이라는 새 나라를 여는 첫걸음이 되었다.

위화도

개경

개경으로 돌아간다!

과전법

科	품등	과
田	밭	전
法	법	법

관리의 등급(과)에 따라 토지(전)를 나누어 주는 제도(법)이다. 이 법이 실시되면서 고려의 백성들은 권문세족들의 괴롭힘에서 벗어나 먹고 살수 있게 되었다.

명실공히: '겉으로나 실제에서나 다 같이'를 뜻한다.

이성계는 군사를 몰아 고려의 궁궐이 있는 개경으로 달려갔어요. 최영이 이성계를 막아 보려고 애를 썼지만 대부분의 군사를 이성계에게 내어 준 최영은 힘이 없었지요.

최영과 싸워 크게 이긴 이성계는 최영을 귀양 보내고, 고려의 왕을 내쫓고 허수아비 왕을 세웠어요. 이제 **명실공히** 이성계는 고려에서 가장 힘이 센 사람이 되었어요.

"부패한 관리들을 내쫓고 백성을 위한 정책을 펼치세요. 그동안 백성들은 권문세족들에게 괴롭힘을 당해 고통이 컸습니다."

정도전을 비롯한 신진 사대부들은 이성계의 든든한 지원자가 되어 그가 옳은 정치를 펼 수 있도록 힘껏 도왔어요.

이성계는 이와 같은 고려의 상황을 해결하고자 개혁을 추진했고 그 중 토지 개혁을 실시했어요.

1391년, 이성계는 권문세족들이 불법으로 차지한 땅을 빼앗아 관리들에게 직급별로 땅을 나누어 주되, 그 땅에서 나는 곡식 중 10분의 1만 갖게 하고 나머지는 백성들이 가져 갈 수 있게 해 주었어요. 이 제도를 '**과전법**'이라고 해요.

"이성계 장군님 덕분에 우리가 쌀밥을 다 먹어 보네."

"쌀밥을 '이밥'이라고 한다지? 이씨가 내린 밥이라고!"

고려의 백성들은 예전보다 더 이성계를 좋아하게 되었어요.

오랜만에 이성계는 자신을 도운 신진 사대부 중 특별히 아끼는 두 사람, 정도전과 **정몽주**를 불러 술자리를 마련했어요.

◎ **정몽주(1337~1392):** 신진 사대부이자 정도전의 친구였다. 이성계의 위화도 회군에는 뜻을 함께 하였지만, 새로운 나라를 건국하자는 의견에는 반대하였던 인물이다.

성리학: 중국 송나라 때 생겨난 학문으로, 충과 효를 중요시하였다.

반역: 통치자에게서 나라를 다스리는 권한을 빼앗으려고 하는 것이다.

"나라가 평안을 되찾은 건 모두 그대들 덕분이오."

"이제 시작일 뿐입니다. 고려를 허물고 새로운 나라를 세워야 합니다. 그것만이 진정 세상을 구하는 길입니다."

정도전의 말이 끝나자마자, 정몽주가 발끈 화를 냈어요.

"**성리학**을 공부하는 우리가 어떻게 감히 **반역**을 꿈꾼단 말이오? 고려 왕조를 유지하면서 차근차근 개혁을 이루어 나가는 것이 신하 된 자의 도리일 것이오."

이성계는 그동안 신진 사대부들이 새 나라를 세우자는 세력과 고려 왕조를 유지하며 개혁하자는 세력으로 나뉘어 싸우고 있다는 것을 알고 있었어요. 하지만 막상 정몽주의 말을 듣고 보니, 그에게 서운한 마음이 들었지요.

그러던 어느 날, 이성계가 사냥을 하다가 말에서 떨어져 몸져눕게 되었어요. 이때를 기회 삼아 정몽주는 정도전을 비롯한 새 나라를 세우자는 세력들을 귀양 보낸 다음, 이성계를 만나기 위해 그의 집을 방문했어요.

조선

朝 아침 **조**

鮮 고울 **선**

1392년 고려에 이어 등장한 나라로, 왕위에 오른 태조 이성계가 나라 이름을 '조선'이라 하였다.

이방원: 이성계의 다섯 번째 아들로 야망이 큰 인물이다. 정몽주를 죽임으로써 조선 건국의 주역이 되었다.

★ 참고 자료

선죽교: 고려의 충신인 정몽주가 이방원의 부하에 의해 죽임을 당한 곳이다. 선죽교의 원래 이름은 '선지교'이다. 정몽주가 죽었던 날 밤 다리 옆에 대나무가 났다고 전해 선죽교로 바뀌었다.

정몽주를 맞이한 건 이성계의 다섯째 아들인 **이방원**이었어요. 곧 두 사람은 마주 앉게 되었지요.

"대감께서 우리와 함께 해 준다면 새로운 나라를 세우는 데 큰 힘이 될 것이오."

"난 죽어도 고려의 신하요. 절대 고려를 버리지 않을 것이니 그만 설득하시오."

이방원은 정몽주가 살아 있는 한, 새로운 나라를 세우는 것은 불가능하다고 깨달았어요.

어느 날 밤, 정몽주는 집으로 돌아가려고 **선죽교**를 지날 때 이방원의 부하가 휘두른 쇠몽둥이에 머리를 맞고 최후를 맞이하였어요.

◎ 선죽교(개성)

1392년, 이성계를 중심으로 한 세력들이 고려를 멸망시키고 새로운 나라를 세웠어요.

새로운 나라의 첫 번째 왕이 된 **태조** 이성계는 신하들 앞에서 포부를 밝혔어요.

"새로운 나라 이름을 '고조선'을 잇는 나라라 하여 '**조선**'이라 부를 것이다. 조선은 유교 정신에 따라 백성이 나라의 근본이 되는 살기 좋은 나라가 될 것이다."

고려는 역사 속으로 사라지고, 조선이 역사에 새롭게 등장하는 순간이에요.

◎ 태조 이성계 어진

이방원이 묻고 정몽주가 답하다

이방원과 정몽주가 마주 앉아 있는 이 모습은 우리 역사를 바꾼 결정적인 장면이야. 조선이라는 새로운 나라를 건설하기 바로 직전, 이성계의 아들인 이방원이 정몽주에게 새 나라 건설에 함께 하기를 청하고 있는 장면이지. 그러나 정몽주는 단호하게 거절하였고, 이것이 그의 운명은 물론 나라의 운명까지 결정지었어.

하여가(何如歌)

이런들 어떠하리 저런들 어떠하리
만수산 드렁칡이 얽어진들 어떠하리
우리도 이같이 얽어져 백 년까지 누리리라

이방원이 정몽주를 자신의 편으로 만들기 위해 설득하고자 지은 시조야.

단심가(丹心歌)

이 몸이 죽고 죽어 일백 번 고쳐 죽어
백골이 진토 되어 넋이라도 있고 없고
임 향한 일편단심이야 가실 줄이 있으랴

정몽주가 고려의 왕에 대한 충성심으로 두 임금을 섬길 수 없다고 지은 시조야.

1 다음 설명에 알맞은 용어를 보기 에서 찾아 써 보세요.

보기

신진 사대부 공민왕 과전법 요동 최영

① 고려 말에 등장한 새로운 정치 세력으로,
부패한 고려를 개혁하자고 주장한 사람들을 가리키는 말은?

(   )

② 명나라가 철령 이북의 땅을 요구하자,
고려의 왕과 최영이 이를 거절하면서 정벌하고자 한 땅은?

(   )

③ 이성계가 고려 말에 추진한 토지 개혁을 가리키는 말은?

(   )

2 다음 내용이 맞으면 ○표, 틀리면 ✕표를 하세요.

고려 말, 권문세족들이
백성들의 땅을 빼앗아
백성들의 고통이 컸어요.

최영은 이성계에게
철령 이북의 땅을
정벌하라고 했어요.

'조선'은 고구려를
잇는 나라라는 뜻에서
붙인 이름이에요.

3 조선 건국의 과정을 시간 순서대로 정리한 거예요. 말하는 사람은 누구인지 이름을 쓰고, 빈칸에 알맞은 말을 써 보세요.

나는 누구일까요?

나는 신진 사대부 중 한 명으로, 새로운 세상을 꿈꾸고 있었소. 당시 고려는 권문세족들의 횡포로 백성들이 큰 고통을 겪었지요. 그래서 나는 홍건적과 왜구를 무찔러 고려의 영웅이 된 [   ]을/를 찾아가 함께 새로운 세상을 열자고 했어요.

나는 누구일까요?

나는 요동 정벌을 끝까지 반대했지만, 어쩔 수 없이 군사를 데리고 출동하게 되었소. 그런데 큰 비를 만나 위화도라는 섬에 갇혀 꼼짝도 못하게 되었지요. 그래서 나는 군사를 돌려 [   ](으)로 쳐들어가 권력을 잡았소. 역사에서는 이것을 [   ](이)라고 부르더군요.

나는 누구일까요?

나 역시 신진 사대부 중 한 명으로, 고려의 충신으로 이름난 선비요. 이성계를 도와 고려의 개혁을 추진해 나갔지요. 하지만 정도전이 새로운 나라를 세우자는 주장에는 반대하였지요. 나는 [   ]이/가 사라지는 것을 원하지 않았소.

나는 누구일까요?

나는 이성계 장군의 다섯째 아들이오. 나는 새로운 나라 건설을 반대하는 [   ]을/를 죽였소. 이후 아버지는 새로운 나라를 세웠고, 그 이름을 [   ](이)라고 지었지요.

1 다음은 고려 말 상황에 대한 이야기예요. 그림을 보고, 빈칸에 알맞은 말을 써 보세요.

나라 안의 상황

내 땅을 빌려서 농사지었으니, 여기서 난 곡식은 모두 내 것!

땅도 빼앗더니 곡식까지 몽땅 빼앗아 가면, 저희 백성들은 어찌 삽니까?

권문세족

① 권문세족들이 _____

_____

나라 밖의 상황

가진 것 모두 내놔!

가진 재물 내놔!

홍건적과 왜구 때문에 정말 못살겠다.

② _____

____ 고려의 백성들을 괴롭혔다.

신흥 무인 세력 등장

이성계 무서워! 도망가자!

이성계 장군 만세!

홍건적   왜구

③ [   ] 장군이 북쪽과 남쪽을 오가며 홍건적과 왜구를 물리쳐 백성들을 구했다.

신진 사대부와 신흥 무인 세력, 손잡다

우리 손잡고 새로운 세상을 만들어 봅시다!

뭐, 그렇게 원하신다면!

정도전   이성계

④ [   ] 을/를 비롯한 신진 사대부들은 신흥 무인 세력인 이성계와 손잡고, 새로운 왕조를 열고자 했다.

2 다음은 이성계가 최영에게 요동 정벌을 하면 안 된다고 주장하면서 네 가지 이유를 말하고 있는 상황이에요. 밑줄에 알맞은 내용을 채워 볼까요?

tip 16쪽 스토리를 다시 읽어 보고 오재 이 일을 계기로 조선이 건국되었어.

요동

요동 정벌을 하면 안 되는 네 가지 이유를 말씀 드리지요.

당장 요동 정벌을 시작하라!

① 요동을 정벌하면 안 되는 네 가지 이유

첫째, 작은 나라가 큰 나라를 공격하는 것은 위험한 일입니다.

둘째, _____

셋째, 요동을 치기 위해 남쪽을 비우면 왜구가 쳐들어올 수 있습니다.

넷째, 장마철이라 활을 붙이는 풀이 녹고, 군사들이 전염병에 걸릴 수 있습니다.

② 만약 이성계가 요동을 정벌하러 가지 않았다면, 어떤 일이 일어났을까요?

_____

_____

3 신진 사대부들이 다음과 같이 두 세력으로 나뉘어 대립하고 있어요. 고려에 대한 두 인물의 생각이 어떠하였는지 공통점과 차이점을 써 보세요.

tip 신진 사대부들이 두 세력으로 나뉘어 갈등을 하고 있는 까닭을 떠올려 봐.

정몽주   정도전

❶ **공통점**

❷ 정몽주의 생각

VS

❸ 정도전의 생각

4 이방원이 정몽주에게 함께 새로운 나라를 세우자고 말하였을 때, 나라면 어떻게 대답하였을지 써 보세요.

tip 이방원이 왜 정몽주를 없애려고 했을까?

5 만약 이성계가 조선을 건국하지 않고 고려 왕조가 계속 이어졌다면 어땠을지 상상해서 써 보세요.

조선 1

2 한양으로 도읍을 옮기다

 이때는 말이야~

5-2 1. 옛사람들의 삶과 문화
③ 민족 문화를 지켜 나간 조선

내가 조선의 첫 번째 왕, 이성계야.

나라의 모습과 분위기를 새롭게 하기 위해서 도읍을 한양으로 옮겼어.

조선 건국
1392

1394

한양 천도

개경 한양

○ 경복궁 전경(서울 종로)

경복궁 완성

1395

나는 정도전이요.
유교 정신을 담아 경복궁 안의
건물 이름을 지었소.

1398

**한양 도성 건설
완성**

태종 즉위

1400

태종 이방원은 이성계의
다섯째 아들이야. 왕자의 난에서
승리하여 왕이 되었지.

🔑 키워드

천도

遷 옮길 **천**

都 도읍 **도**

도읍을 옮긴다는 뜻
이다. 조선을 세운 태
조 이성계는 고려의
귀족이 많이 살고 있
는 개경을 떠나 한양
으로 도읍을 옮겼다.

무학 대사: 태조 이성계
의 스승으로, 조선의 건
국을 돕고, 계룡산과 한
양 땅을 오가며 새로운
도읍을 정하는 일에 중요
한 역할을 한 인물이다.

리: 거리의 단위로 1리는
약 0.393km에 해당한다.

"무학 대사가 **한양**(서울) 땅을 어떻게 찾아냈는지 궁금하지 않아?"

이야기꾼 앞으로 사람들이 우르르 몰려갔어요. 온유도 호기심이 발동해 사람들 틈에 끼여 이야기를 들었지요.

"임금님이 무학 대사에게 새로운 도읍지를 찾아 달라고 부탁했다네. 무학 대사는 이곳저곳을 다니다가 좋은 곳을 발견했는데, 밭을 갈던 한 노인이 소에게 채찍질을 하며 그러더래."

"이놈의 소, 꼭 무학 같이 엉뚱한 길로 가는구나."

깜짝 놀란 무학 대사가 노인에게 물으니, 십 **리**만 더 가면 좋은 곳이 있다고 했다네. 노인의 말대로 십 리를 더 가 보니, 새 나라의 궁궐을 지으면 딱 좋겠더란 말이지. 그래서 이곳 한양에 궁궐을 짓게 되었다지."

무학 대사와 노인을 실감 나게 연기하는 이야기꾼의 이야기에 사람들이 박수를 치며 감탄했어요.

좋은 곳을 알려 주시지요.

십 리만 더 걸어가 보시오.

얼마 전 온유네 집은 개경에서 한양으로 이사를 왔어요. 임금님이 나라의 도읍을 한양으로 옮기라고 명령했기 때문이에요. 임금님의 한양 **천도** 명령이 떨어지자, 나라의 관리인 온유 아버지는 가족들을 데리고 한양으로 이사를 했어요.

해가 **어스름하게** 기울 무렵, 온유 아버지가 임시 **관청**에서 일을 마치고 집으로 돌아왔어요.

온유는 아버지 곁에 앉아 궁금한 것을 물었지요.

"아버지, 임금님은 왜 도읍을 옮기라고 명령한 거예요?"

"고려의 도읍이었던 개경에서는 나랏일을 하기가 어려웠기 때문이란다. 개경은 조선 건국을 반대하던 사람들이 아직도 많이 남아 있는 곳이란다. 나라의 모습과 분위기를 새롭게 하기 위해 도읍을 한양으로 옮겼지."

"그런데 왜 하필 한양으로 천도한 거예요?"

"한양의 위치를 떠올려 보렴. **한반도**의 중앙에 위치해 있으니 교통도 편리하고, **한강** 뱃길을 이용해 세금을 실어 나르는 것도 편할 것 같지 않느냐?

그리고 높은 산들이 둘러싸고 있어 외적의 침략을 막기에도 좋고, 주변에 넓은 평야가 있어서 생산물이 풍부한 곳이기도 하지. 이렇게 좋은 곳이니까 그 옛날 고구려, 백제, 신라도 이 땅을 서로 차지하겠다고 다툰 것이 아닐까?"

"그런데 정말 무학 대사가 한양을 발견한 거예요?"

온유는 아까 길에서 들었던 이야기가 생각나 물었어요. 아버지는 대답은 하지 않고 웃기만 했어요.

어스름하다: 빛이 조금 어둑하다.

관청: 국가의 일을 맡아 보는 곳이다.

한반도: 아시아 대륙의 동북부에 자리잡은 반도로. 우리나라 국토 전체를 포함한다.

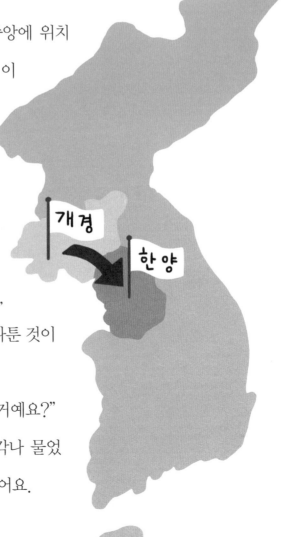

景 빛날 **경**

福 복 **복**

宮 집 **궁**

정도전은 유교 경전인 『시경』의 한 구절을 인용해 '큰 은덕으로 배가 부르니 군자께서는 큰 복을 누리리라.'는 뜻으로 궁궐 이름을 경복궁이라고 지었다.

궁궐: '궁'은 왕과 그 가족들이 사는 큰 집을 의미하고, '궐'은 궁의 출입문 좌우에 담으로 둘러친 곳을 의미한다.

재상: 임금을 돕고 모든 관리를 지휘하고 감독하는 일을 맡아보던 고위 벼슬이다.

유교: 중국의 공자 가르침을 받드는 학문으로 충과 효를 중요시하며 유학이라고도 한다.

온유는 오늘 아버지와 함께 **궁궐** 짓는 걸 보러 가기로 했어요. 공사 현장에 도착한 온유와 아버지는 **정도전** 대감을 만났어요.

"이 녀석이 새 궁궐을 보고 싶어해서 데리고 왔습니다."

"어른이 되어 벼슬길에 오르면 나랏일을 하게 될 테니, 새 나라의 기틀이 될 궁궐을 미리 보는 것도 좋겠지요. 제가 직접 아드님에게 궁궐 구경을 시켜 주어도 될까요?"

이 나라 최고의 **재상**이자 한양 도성 설계와 궁궐 공사의 총책임을 맡은 정도전 대감과 함께 궁궐 구경을 하다니요? 온유는 얼떨떨한 채 얼른 정도전 대감을 따라 나섰어요.

"이 궁궐은 큰 복을 누리라는 뜻에서 '**경복궁**'이라고 이름을 지을 거란다. 또한 임금님이 **유교** 정신에 따라 백성들을 올바로 다스리기를 바라는 마음을 담아 건물들의 이름을 지을 생각이야. 임금님이 신하들과 만나는 곳은 '부지런하게 일하라.'는 뜻의 '**근정전**', 임금님이 가장 오래 머물면서 나랏일을 보게 될 곳은 '생각해서 정치하라.'는 뜻의 '**사정전**', 임금님이 잠을 자는 곳은 '몸과 마음을 건강히 하라.'는 뜻의 '**강녕전**'이라 지을 거란다."

이야기를 듣고 있던 온유가 걱정스러운 표정을 지었어요.

"그런데 신하가 임금님에게 '부지런하게 일하라.'고 말해도 되나요?"

"조선은 백성을 위해 세운 나라이니, 임금이 백성을 잘 다스리기 위해 부지런히 일하는 것이 당연하지. 조선의 신하들은 임금이 잘못하는 일이 있으면 목숨을 걸고 반대한단다. 그래야 임금이 나라를 올바르게 다스릴 수 있을테니 말이다."

정도전은 온유의 머리를 쓰다듬으며 말했어요.

"궁궐이 크고 웅장할 줄 알았는데, 생각보다 작은 것 같아요."

"그래서 실망했느냐? 하지만 궁궐을 크게 지으면 백성들의 고통이 커진다는 것을 알아야 한다. 궁궐을 지을 때 많은 백성들이 공사에 동원되고, 세금도 많이 거두어야 하거든. 백성을 위한 정치를 펼친다면서 궁궐을 크게 짓는 것은 앞뒤가 맞지 않다. 그래서 검소하게 지은 거란다."

정도전의 말을 듣고 온유의 얼굴이 발그레해진 것을 보니, 궁궐의 작은 규모를 보고 실망했던 마음이 부끄러워진 모양이에요.

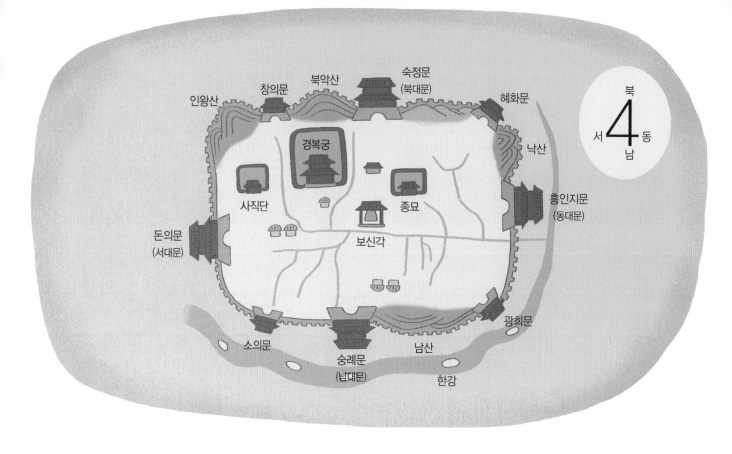

도성

都 도읍 도
城 성 성

임금이 있던 도읍지가 성으로 이루어져 있다는 데서 나온 말로, 한양을 뜻한다.

성균관: 조선 시대에 유학 교육을 맡아보던 최고 교육 기관이다.

사대문: 한양 도성의 네 개의 큰 문으로 흥인지문, 돈의문, 숭례문, 숙정문을 말한다.

시가지: 도시의 큰 길거리를 이루는 지역이다.

1398년 3월, 한양으로 도읍을 옮긴 지 4년여 만에 한양 건설 공사가 모두 끝났어요.

어느덧 **성균관** 유생이 된 온유는 오랜만에 아버지와 함께 **도성** 산책에 나섰어요.

"정도전 대감이 정말 큰일을 하셨구나. 한양 천도 1년 만에 궁궐과 종묘와 사직단을 완성하고, 곧이어 성곽을 쌓고 **사대문**과 **시가지**를 만들었으니, 이제 한양은 제대로 도읍의 모습을 갖추게 되었구나."

아버지가 온유에게 말했어요.

"궁궐이 완성되던 날, 임금님께서 궁궐을 보고 마음에 드셨는지 큰 잔치를 베푸셨잖아요. 궁궐과 각 건물의 이름도 정도전 대감께서 직접 지으셨다고 들었습니다. 유교 국가 조선의 궁궐에 정말 잘 어울리는 이름인 것 같아요."

온유는 정도전과 함께 궁궐을 구경하면서 나누었던 이야기가 떠올라 살며시 미소를 지었어요.

◎ 종묘(서울 종로)

◎ 사직단(서울 종로)

"궁궐의 좌우로 종묘와 사직단이 있으니, 더욱 든든하구나!"

"종묘는 왕실의 조상들에게 제사 지내는 곳이고, 사직단은 토지 신과 곡식 신에게 제사를 지내는 곳이잖아요. **종묘사직**에 효를 다해 조상을 섬기고 농사를 중히 여기는 조선의 모습이 그대로 담겨 있으니, 궁궐의 옆에 있는 것이 당연한 것이지요."

온유의 말을 들은 온유 아버지는 어느새 훌쩍 자란 아들이 기특해 활짝 웃었어요.

한양 도성 건설이 완성되자, 각 지방에서 많은 사람들이 한양으로 몰려들어 북적북적 활기를 띠었어요. 사람들이 모이면 저마다 도성 건설에 대한 이야기를 나누었어요.

"한양을 **에워싼** 성곽의 길이가 어마어마하게 길다지?"

"이젠 외적이 침입해도 두려울 것이 없겠구만."

"사람이 드나드는 사대문을 동서남북에 만들었는데, 그 이름에도 어질고, 의롭고, 예의 있고, 지혜로워야 한다는 유교 **덕목**이 들어 있다네."

종묘사직

宗	마루 **종**
廟	사당 **묘**
社	모일 **사**
稷	기장 **직**

종묘사직은 왕실과 나라를 뜻하는 말로, 정도전은 경복궁의 좌우에 종묘와 사직단을 세움으로써, 유교 국가 조선의 정신을 담으려고 했다.

에워싸다: 둘레를 빙 둘러싸다.

덕목: 충·효·인·의의 덕을 분류하는 명목이다.

⊙ 흥인지문(보물 제1호)

⊙ 돈의문

⊙ 숭례문(국보 제1호)

⊙ 숙정문

인의예지신

仁	어질	인
義	의로울	의
禮	예의	예
智	지혜	지
信	믿을	신

정도전은 조선의 백성들이 유교의 가르침에 따라 살기를 바라는 마음으로 유교에서 강조하는 덕목을 건축물 이름에 담았다.

과거: 고려 광종 때 처음 실시한 시험으로 관리를 뽑을 때 치른 시험이다.

"흥인지문(동대문)의 '인', 돈의문(서대문)의 '의', 숭례문(남대문)의 '예', 숙정문(북문)의 '정' 아닌가! 나도 알고 있다네."

"유교에서 말하는 사람이 마땅히 지켜야 할 도리는 **인의예지신**이 아닌가? '지'와 '신'은 대체 어디 있단 말인가?"

"숙정문의 '정'은 '**지**'와 똑같이 지혜롭다는 뜻을 지녔다네. 북쪽은 항상 문을 닫아 두어야 했기 때문에 엄숙하고 조용하라는 의미로 정(靖, 평안할 정)을 쓴 것이라네.

그리고 '신'은 도성 중앙에 있어. 바로 커다란 종을 매달아 놓은 '**보신각**'일세."

새롭게 건설된 도성 안에는 이렇게 유교 정신이 곳곳에 담겨 있었어요. 이제 이곳을 중심으로 왕은 백성을 위해 부지런히 일하고, 백성들은 각자의 자리에서 정직하고 성실하게 살아가게 될 거예요. 온유도 이제 곧 **과거**를 보고 나라의 관리가 되겠지요.

'나도 임금님이 바른 정치를 펼 수 있도록 돕는 신하가 되어 조선이 훌륭한 나라가 될 수 있도록 힘을 보탤 거야.'

온유는 활기로 가득 찬 도성 안 백성들의 모습을 보며 굳게 결심했어요.

⊙ **보신각**: 도성의 문을 열고 닫는 시각을 알리기 위한 종을 설치해 놓은 누각이다.

경복궁은 어떤 모습이었을까?

조선은 한양으로 도읍을 옮긴 다음, 그 중심에 큰 복을 누리라는 이름의 경복궁을 가장 먼저 세웠어. 조선의 왕과 신하들은 경복궁에서 유교를 바탕으로 백성을 위하는 정치를 펼쳤다고 해. 경복궁은 임진왜란 때 불에 탔다가 고종 때 다시 지어졌어.

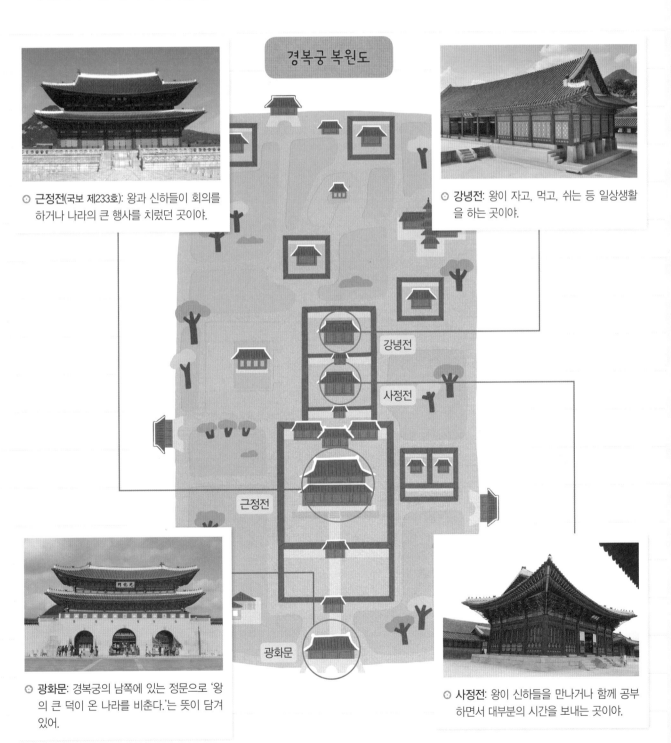

경복궁 복원도

◎ **근정전(국보 제233호):** 왕과 신하들이 회의를 하거나 나라의 큰 행사를 치렀던 곳이야.

◎ **강녕전:** 왕이 자고, 먹고, 쉬는 등 일상생활을 하는 곳이야.

강녕전

사정전

근정전

광화문

◎ **광화문:** 경복궁의 남쪽에 있는 정문으로 '왕의 큰 덕이 온 나라를 비춘다.'는 뜻이 담겨 있어.

◎ **사정전:** 왕이 신하들을 만나거나 함께 공부하면서 대부분의 시간을 보내는 곳이야.

1 다음 친구들의 설명에서 <u>잘못된</u> 곳에 밑줄을 긋고, 알맞게 고쳐 써 보세요.

태조 이성계는
도읍을 한양으로 옮기고
무학 대사를 한양 설계의
총책임자로 삼았어요.

조선의 도읍인
한양은 불교 정신에 따라
설계되었어요.

2 다음 자료를 보고, 장소의 이름을 써 보세요.

이곳은 왕과 왕비의 혼이 담긴 위패를
모신 곳이에요. 유교 국가 조선에서는
효를 중요하게 여겨 이곳에서 왕실의
조상에게 제사를 지냈어요.

이곳은 토지의 신과 곡식의 신에게 제
사를 지낸 곳이에요. 농사를 중요하게
여긴 조선의 왕은 이곳을 만들어 제사
를 지냈어요.

3 다음은 조선이 한양으로 도읍을 옮기고, 도성을 건설하는 과정이에요. 바른 길을 찾아 ( ) 안에 ○, ×를 채우면서 ○를 따라 최종 목적지에 도착해 보세요.

출발

조선을 세운 이성계는 도읍을 옮기기로 결심했다. ( )

이성계는 도읍을 옮기는 것에 반대했다. ( )

태조 이성계는 조선의 도읍으로 계룡산을 선택하고, 도읍 건설을 무학대사에게 맡겼다. ( )

태조 이성계는 조선의 도읍으로 한양을 선택하고 도읍 건설을 정도전에게 맡겼다. ( )

정도전은 궁궐을 짓고, 그 이름을 큰 복을 누리라는 의미에서 '경복궁'이라 지었다. ( )

이성계가 직접 궁궐 건물의 이름을 지었다. ( )

정도전은 궁궐 공사를 마무리한 다음, 벼슬자리에서 물러났다. ( )

정도전은 유교 정신을 담아 궁궐 건물의 이름을 지었다. ( )

한양 건설 완성

궁궐 양옆에 종묘와 사직단을 짓고, 성곽을 쌓고 4대문을 만들어 도성을 완성했다. ( )

도착

Talk history

1 태조 이성계가 도읍으로 한양을 선택한 까닭은 무엇인지 다음 자료와 키워드를 참고하여 써 보세요.

tip 한양의 위치를 봐. 지도의 중앙에 위치하고 있어.

| 키워드 | 한강 | 한반도 | 교통 | 중앙 | 편리 | 뱃길 | 세금 |

예
산으로 둘러싸여 있으니, 외적을 막기에 좋기 때문이에요.

2 다음 두 건물은 조선 시대에 임금이 일을 하던 곳이에요. 물음
에 알맞은 내용을 써 보세요.

tip 조선은 백성을 위해 세운 나라라는 것을 기억해 줘!

❶ 건물의 이름에 담긴 뜻을 각각 써 보세요.

근정전 (勤 부지런할 근, 政 정사 정, 殿 큰집 전)	사정전 (思 생각 사, 政 정사 정, 殿 큰집 전)

❷ 위 두 건물 중 하나를 선택해 새로운 이름을 지어 보세요. 그 이름에는 어떤 뜻을 담았
는지 설명해 보세요.

• 내가 지은 건물의 이름: _____

• 내가 지은 건물 이름에 담긴 뜻: _____

_____

_____

3 유교의 정신을 담아 한양의 건축물에 이름을 붙였어요. 사대문과 보신각의 이름에서 유교 덕목을 담은 글자를 찾아 각각 ○표를 하고 물음에 알맞은 내용을 써 보세요.

tip 조선의 건국 이념인 유교 정신을 떠올려 봐.

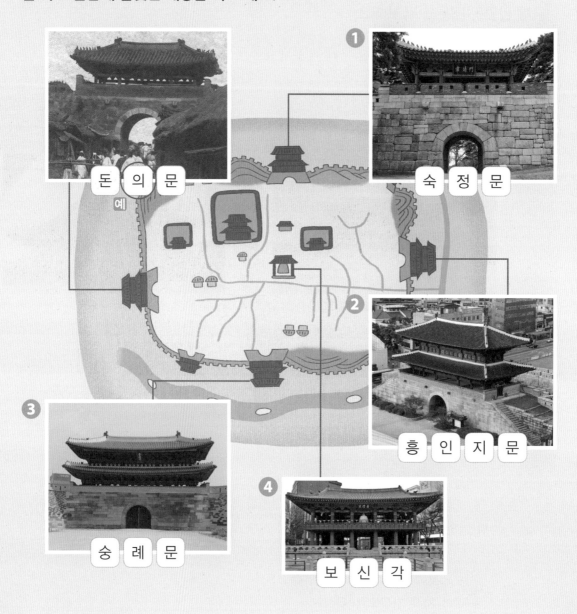

돈 의 문
예

❶ 숙 정 문

❷ 흥 인 지 문

❸ 숭 례 문

❹ 보 신 각

❺ 사대문과 보신각의 이름에 유교 덕목을 담은 까닭은

4 다음 신문 기사를 읽고, 정도전이 되어 알맞은 말을 써 보세요.

역사 신문

2○○○년 ○월 ○일

오늘의 포커스 **경복궁의 역사**

⊙ 경복궁 전경

조선의 궁궐인 경복궁은 지금도 서울 땅 한가운데 자리잡고 있다. 경복궁은 1395년 조선 태조 때 처음 지어졌으나, 임진왜란 때 불타 없어졌다. 그 뒤 고종이 왕이 되면서 고종의 아버지인 흥선 대원군이 왕실의 권위를 높이기 위해 1868년에 다시 지어 오늘날 우리가 다시 경복궁을 볼 수 있게 되었다. 흥선 대원군이 지은 경복궁은 7200여 칸으로 되어 있어 그 규모가 매우 크지만, 경복궁이 처음 지어졌을 때는 700여 칸으로 크지 않았다.

나는 경복궁 공사의 총책임자였던 정도전이오. 내가 왜 경복궁을 검소하게 지었는지 말해 주겠소.

나는 애초에 경복궁을 700여 칸 정도로 하여 검소하게 지었습니다. 왜냐하면

---

3 조선의 과학을 꽃피운 세종

 이때는 말이야~

세종 즉위

1418

『농사직설』 간행

1429

1420

집현전 설치

조선의 학문 연구 기관으로 이곳에서 수많은 책을 만들었지.

『농사직설』 책 덕분에 곡식의 수확량이 늘었어.

수표

혼천의

자격루

간의

앙부일구

측우기

자동으로 울리는
물시계야.

자격루 발명

1434

우아! 이게 조선의
달력이구나!

『칠정산』
간행

1444

1441

측우기, 수표
발명

측우기는 내린 비의 양을
재는 기구이고, 수표는 하천의
수위를 재는 기구야.

1450

세종의 죽음

🔑 키워드

세종

世	대 **세**
宗	마루 **종**

조선 제4대 왕으로 과학, 문화, 예술 등 여러 분야에서 발전을 이루었다. 업적이 뛰어나 '세종 대왕'이라고도 불린다.

⚙ 세종 동상(서울 종로)

수령: 고을을 맡아 다스리던 관리이다.

세종이 조선의 임금이었을 때, 김서방이라는 사람이 한양에 살고 있었어요. 농사짓던 김서방은 조선의 백성으로 살아가는 것이 행복했어요.

"임금님이 백성들을 위해 무엇을 할까 늘 고민하시니, 조선의 백성들은 매일 더 행복해질 수밖에요."

세종은 백성을 사랑한 임금이었어요. 흉년이 들어 백성이 굶주리면, 나라의 곡식을 풀어 나누어 주었고 세금도 줄여 주었어요. 또한 어느 고을에 굶어 죽는 백성이 있으면 그 고을 **수령**에게 죄를 묻겠다고 엄명을 내리기도 했어요. 백성의 대부분은 김서방과 같은 농민이었기 때문에 세종은 어떻게 하면 농업 생산량을 늘리고, 백성들의 농사일을 도울 수 있을까 날마다 생각했어요.

김서방은 이른 아침 농사일을 하기 위해 논밭에 나왔어요. 아랫마을에 사는 박서방도 벌써 나와 일을 하고 있었어요.

논갈이

씨뿌리기

"『**농사직설**』이라는 책이 알려 준 대로 씨를 뿌리고, 논밭을 갈고, 거름을 주니, 농작물들이 무럭무럭 잘 자라는구나."

"조선 최고의 학자들이 모인 **집현전**에서 만든 책이라네."

『농사직설』이 나오기 전에는 조선의 농민들이 중국에서 들여온 농사 책을 참고해서 농사를 지었는데, 중국과 조선의 기후와 풍토가 달라 농사를 망치기도 했어요. 세종은 이를 안타깝게 여겨 우리 땅에 딱 맞는 농사책을 만들었는데, 이게 바로 『농사직설』이에요.

『농사직설』에는 기후와 토양, 곡식의 종류에 따라 씨앗을 보관하는 법, 논밭을 가는 법, 씨 뿌리는 법, **김매**는 법, 거름을 만들어 주는 법, 농기구를 사용하는 법 등이 정리되어 있었어요.

세종은 각 지방의 수령에게 『농사직설』을 나누어 주어 농민들에게 농사법을 가르치게 했어요. 그 덕분에 백성들의 농작물 수확량이 훨씬 많아졌어요.

집현전

集	모을 집
賢	현명할 현
殿	집 전

세종 때 경복궁 안에 설치한 학문 연구 기관으로, 인재들에게 학문을 연구하게 하고 이를 바탕으로 나라의 주요 정책을 세우게 했다.

★ **참고 자료**

『**농사직설**』: 1429년 세종은 지방의 관리들을 시켜 농부들의 농사짓는 법을 알아 오게 했다. 이것을 바탕으로 집현전 학자 정초에게 책을 쓰라고 명하였다.

김매다: 잡초를 뽑아 없애는 일이다.

수확하기

모내기

측우기

測 잴 **측**

雨 비 **우**

器 도구 **기**

비가 내린 양(강우량)을 재는 기구로, 세종의 아들인 문종이 만들었다.

저하: 왕세자를 높여 부르는 말이다.

척: 길이의 단위로 1척은 약 30cm이다.

일식: 달의 그림자가 해를 가리는 현상이다.

월식: 지구의 그림자 때문에 달이 안 보이거나 희미해지는 현상이다.

절기: 한 해를 스물넷으로 나누어, 계절의 표준이 되게 하는 것이다. **예** 입춘, 하지, 입추, 동지 등

한참 일하고 있는데, 갑자기 비가 후두둑 떨어졌어요. 김서방과 박서방은 얼른 원두막으로 달려가 비를 피했지요.

"농사짓는 사람들에게 비는 정말 큰 선물이야. 이 비가 그치면 **측우기**로 비가 얼마나 내렸는지 그 양을 재겠지?"

"그렇다네. 예전에는 빗물이 땅에 스며들어 비가 내린 양을 측정할 수 없었잖아. 그런데 세자 **저하**(문종)가 측우기를 발명하면서 비가 내린 양을 잴 수 있게 되었으니, 얼마나 신기한지!"

● **측우기:** 원통 안에 고인 빗물의 깊이를 재어 강우량을 측정하였다.

"비가 언제, 얼마만큼 내리는지 알면 농사지을 시기를 예측할 수 있고, 홍수와 가뭄으로 인한 피해도 줄일 수 있다네. 또한 임금님이 각 지역의 강우량을 파악해 세금을 정하는 데 사용하신다지?"

"그렇다네. 그러고 보니 홍수를 대비하는 데 큰 도움이 되는 기구가 또 있네. 바로 하천의 물높이를 측정하는 '**수표**' 말일세."

"응, 수표의 앞면과 뒷면에 1**척**에서 10척까지 눈금을 새겨서 3척이면 물이 적고, 6척이면 보통, 9척이면 홍수의 위험이 있다고 경고해 주니, 농사짓기 참 편한 세상이 되었어."

"기후의 변화를 미리 아는 것도 우리같이 농사짓는 사람들에게 큰 도움이지. **일식**과 **월식** 같은 자연 현상을 예측하고, 계절과 **절기**를 알려주는 기구들이 발명되었으니, 그것도 참 놀라운 일일세."

◎ **수표(서울 종로):** 강의 물 높이를 잴 수 있게 만든 시설이다.

"**혼천의**라는 기구가 하늘의 움직임을 관찰할 수 있다지?"

"그렇다고 하네. 혼천의를 간략하게 만든 간의라는 기구도 있는데, 임금님이 궁궐 안에 설치하고 날마다 밤하늘을 관측하신다는군."

김서방과 박서방은 시간과 계절의 변화를 예측해 주는 기구의 발명이 신기하고 고마운지 비가 내리는 내내 이야기를 멈추지 않았어요.

"그나저나 혼천의와 간의, 수표를 발명한 **장영실**이 노비 출신이라면서?"

"그렇다네. 장영실은 원래 관청의 노비였는데, 손재주와 발명 기술이 뛰어나 궁궐 기술자가 되었고, 임금님이 장영실의 뛰어난 재주를 보고 중국으로 유학까지 보냈대. 중국 유학을 마치고 돌아온 장영실은 뛰어난 발명품을 만들어서 높은 벼슬에까지 올랐지."

"신분을 가리지 않고, 유능한 인재를 귀하게 쓰는 임금님은 정말 훌륭한 분이야."

◎ 궁궐 안에 설치되었던 간의

혼천의		
渾	흐릴	**혼**
天	하늘	**천**
儀	거동	**의**

별자리의 움직임에 맞게 돌아가도록 제작된 천문 기구이다.

◎ 혼천의

★ **참고 자료**

장영실: 조선의 뛰어난 발명가이자 과학자이다. 발명품으로 혼천의, 자격루, 앙부일구, 수표 등이 있다.

앙부일구

仰 우러를 **앙**
釜 가마 **부**
日 날 **일**
晷 그림자 **구**

조선 세종 때 만들어진 해시계이다. 오목한 반원에 뾰족한 바늘이 비스듬히 세워져 있고, 그 안에는 가로선과 세로선이 그어져 있다.

오시: 오전 11시부터 오후 1시까지이다.

혜정교: 조선 시대 때 설치된 것으로 지금의 종로구 종로 1가 광화문 우체국 부근에 있던 다리이다.

"**오시**(午時)에 박서방을 만나기로 했는데, 몇 시쯤 되었나?"

김서방이 오목한 솥 안을 보고 있어요. 이 솥은 다름 아닌 해시계 '**앙부일구**'예요. 바늘이 가리키는 해의 그림자가 시각을 알려 줘요.

◎ 앙부일구(보물 제845호)

앙부일구도 장영실이 만들었지요. 시계가 발명되기 전, 사람들은 아침에 눈을 뜨면 하루를 시작하고, 해가 지면 집으로 돌아가 잠을 잤다고 해요.

시간 약속을 잡기 힘이 들었던 당시 해시계인 앙부일구가 **혜정교**와 종묘 남쪽 거리에 설치되어 백성들이 볼 수 있는 공공 시계 역할을 하면서 언제든지 시간을 확인할 수 있게 되었어요.

그럼 비가 오는 날이나 캄캄한 밤에는 어떻게 시간을 알 수 있었을까요? 장영실이 만든 물시계인 '자격루'를 통해 알 수 있었어요. 세종은 장영실에게 '자동으로 시각을 알려 주는 물시계'를 만들라고 명했어요. 장영실은 10여 년의 연구 끝에 자동 물시계인 '자격루'를 만들어 냈어요. 세종은 경복궁 안에 '표준 시간을 알리는 집'이라는 뜻의 '보루각'을 지은 후 자격루를 설치했답니다.

◎ 자격루(국보 제229호)

1434년 7월, 세종은 **자격루**를 신하들 앞에서 정식으로 작동시켰어요. 사람들은 **도술**을 부리는 것 같다고 말하면서 무척 신기해했지요. 그 후 자격루로 잰 시각은 조선의 표준 시간이 되었지요.

자격루에서 시간을 알려 주면 광화문에서 큰 종을 울려요. 그 소리를 듣고 여러 곳에서 차례로 쇠북을 치면, 마지막으로 **종루**에서 종을 쳐서 시간을 알려 준답니다.

백성들은 종이 33번 치면 성문이 열리면서 하루를 시작하고, 종이 28번 치면 성문이 닫히면서 하루를 끝냈어요.

댕! 댕! 댕! ……

"벌써 성문이 닫힐 시간이 되었군. 자격루가 알아서 시간을 알려 주니 얼마나 편한지 모르겠어. 내일 일찍 일어나 농사 일을 해야 하니, 이제 그만 자야지."

김서방은 임금님이 백성을 위해 또 무얼 준비하고 있을까 행복한 상상을 하면서 불을 끄고 잠자리에 누웠어요.

자격루

自 스스로 **자**

擊 칠 **격**

漏 샐 **루**

세종 때 장영실이 만들었지만 현재 남아 있지 않다. 현재 덕수궁에 있는 자격루는 장영실이 만든 것을 고친 것이다.

도술: 도를 닦아 여러 가지 조화를 부리는 요술을 말한다.

종루: 오늘날의 종로 네거리에 있는 종각을 말하는 것으로 종을 단 누각이다.

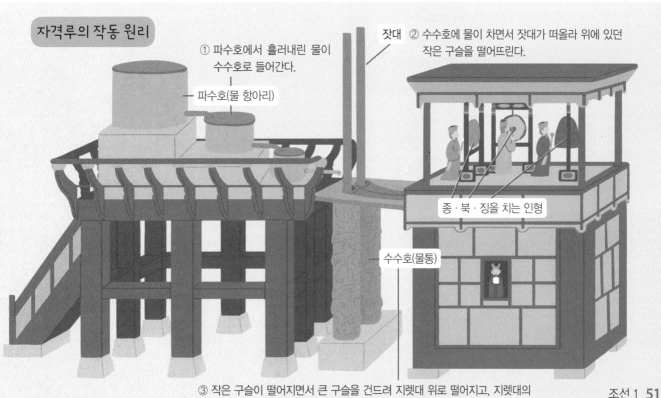

자격루의 작동 원리

① 파수호에서 흘러내린 물이 수수호로 들어간다.

잣대 ② 수수호에 물이 차면서 잣대가 떠올라 위에 있던 작은 구슬을 떨어뜨린다.

파수호(물 항아리)

종·북·징을 치는 인형

수수호(물통)

③ 작은 구슬이 떨어지면서 큰 구슬을 건드려 지렛대 위로 떨어지고, 지렛대의 원리에 의해 한쪽 끝이 올라가 인형을 건드려 종을 치게 한다.

우리 역사상 가장 위대한 왕, 세종 대왕

세종은 '어떻게 하면 백성들을 잘 살게 할 수 있을까?'를 매일 고민했던 분이야. 조선은 이때 과학, 문화, 예술, 의학, 국방 등 여러 분야에서 큰 발전을 이루었어. 같이 살펴볼까?

천문 조선의 달력, 칠정산

조선의 경도와 위도에 맞는 최첨단 달력이 탄생했는데, 바로 '칠정산'이야. 칠정산에는 한 달의 길이를 약 29.5일로, 1년을 약 365.24일로 정하고 있는데, 이것은 오늘날의 한 달과 1년 기준과 거의 똑같아.

○ 『칠정산』

문화 금속 활자, 갑인자

학문을 발전시키기 위해서는 인쇄술이 발달해야 한다고 생각했어. 세종은 장영실에게 여러 번 인쇄해도 부서지지 않는 튼튼한 금속 활자를 만들게 했어. 그래서 '갑인자'가 탄생되었지. 갑인자는 정교하고 튼튼해서 책을 더 많이 찍을 수 있었어.

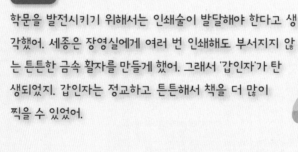

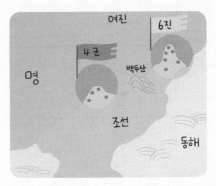

◉ 4군 6진 개척

국방 4군 6진 개척

조선 초기에 북쪽의 여진이 조선을 침입해 백성들을 괴롭혔어. 세종의 명을 받은 최윤덕과 김종서는 압록강과 두만강 유역을 정벌해 영토를 넓혔어. 또한 남쪽으로는 백성에게 피해를 많이 주던 왜구를 물리치려고 쓰시마 섬을 정벌하게 했어.

의학 조선의 의학서, 『향약집성방』

세종은 조선의 백성들에게 잘 맞는 약재와 치료법을 연구해 책을 만들게 했어. 그렇게 탄생된 의학서가 『향약집성방』이야. 책에는 우리나라 산과 들에서 나는 약재를 중심으로 기록되어 있어서 질병에 시달리던 백성들에게 실질적으로 도움이 되었지.

◉ 『향약집성방』

예술 조선의 음악 발달

세종은 궁중에서 의식을 행할 때 연주하는 음악을 새롭게 만들어야 한다고 생각했어. 유교 나라 조선이 불교를 숭상한 고려의 음악을 더 이상 사용할 수 없었기 때문이야. 박연은 세종의 명을 받들어 신라 시대부터 전해져 온 향악과 당나라의 당악, 송나라의 아악 등을 정리해서 조선만의 음악을 만들었어.

1 다음은 조선 세종 때 만들어진 발명품이에요. 설명에 알맞은 발명품을 선으로 이은 후, 발명품의 이름을 완성해서 써 보세요.

① 자동으로 시각을 알려 주는 물시계로, 궁궐 안의 보루각에 설치했어요.

② 강이나 개천 등의 물 높이를 재기 위해 만든 돌기둥으로, 가뭄과 홍수에 대비할 수 있게 했어요.

③ 비가 내린 양을 재는 기구로, 농사짓는 시기를 예측하고, 홍수와 가뭄으로 인한 피해를 줄일 수 있었어요

㉠

ㅅ ㅍ

㉡

ㅊ ㅜ ㅣ

㉢

ㅈ ㅕ ㅜ

혼천의를 간략하게 만 든 것으로, 별의 위치 등을 측정할 수 있는 천체 관측 기구예요.

④
•

해의 그림자로 시각을 알려 주는 해시계로, 혜정교와 종묘 남쪽 거리에 설치했어요.

⑤
•

별자리의 움직임을 관찰하여 계절과 절 기를 관찰하는 기구 로, 간의를 만드는 바 탕이 되었어요.

⑥
•

•
ⓔ

•
ⓜ

•
⓱

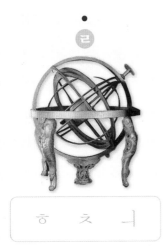

| ㅎ | ㅊ | ㅓ |

| ㄱ | ㅇ |

| ㅇ | ㅂ | ㅇ | ㄱ |

2 위 ㉠~㉫ 중 장영실이 만든 발명품이 <u>아닌</u> 것을 골라 사진에 ○표 하세요.

Talk history

1 조선의 농부들이 『농사직설』에 대해 이야기하고 있어요. 농부들의 말 중 <u>틀린</u> 것을 골라 바르게 고쳐 쓰세요.

tip 『농사직설』은 조선 시대 농민의 오랜 경험을 모아 정리한 책이야.

① 각 지방의 농사 잘 짓는 사람들에게 들은 정보를 모아서 만든 책이라 그런지 농사짓는 데 큰 도움이 돼요.

② 『농사직설』에서 가르쳐 준 대로 농사를 지으니, 수확량이 확 늘었어요!

③ 집현전 학자인 정초가 썼다고 하던데요? 역시 집현전 학자들은 똑똑하다니까요.

④ 중국의 농사 책을 그대로 베껴서 만든 것이라네요.

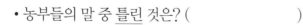

• 농부들의 말 중 <u>틀린</u> 것은? (   )

• 바르게 고쳐 쓰기

----

2 다음 설명에서 말하는 과학 기구는 무엇인지 보기 에서 고르고, 당시 백성들에게 어떻게 도움을 주었는지 써 보세요.

tip 과학 기구의 발명으로 백성들이 농사짓는 데 도움이 많이 되었다고 해.

- 문종이 발명했어요.
- 이 기구로 측정한 것을 참고하여 세금을 걷기도 했어요.
- 빗물이 튀어 들어가지 말라고 돌로 만든 대 위에 세워 놓았어요.

보기

① (   ) ② (   ) ③ (   )

3 다음 자격루의 작동 원리 순서에 맞게 기호를 쓰고, 자격루를 만든 까닭을 쓰임새와 관련하여 써 보세요.

tip 자격루가 해시계인 앙부일구과 비교했을 때 좋은 점은 무엇일까?

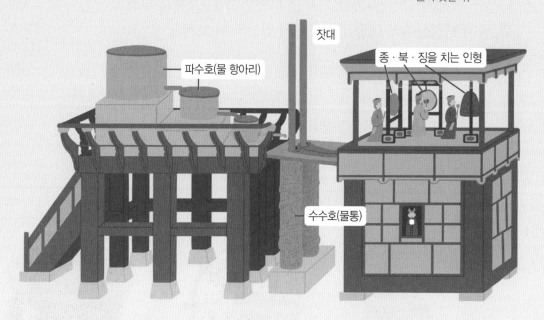

잣대

파수호(물 항아리)

종·북·징을 치는 인형

수수호(물통)

ㄱ 잣대가 나무 기둥의 여닫이 기구를 젖혀 주면 기구 위에 있던 작은 구슬이 떨어진다.

ㄴ 지렛대의 원리에 의해 한쪽 끝이 올라가 종·북·징을 치는 인형을 건드려 종을 치게 한다.

ㄷ 파수호에서 흘러내린 물이 수수호로 들어가면 잣대가 점점 위로 올라간다.

ㄹ 작은 구슬이 떨어지면서 큰 구슬을 건드려 지렛대 위로 떨어뜨린다.

❶ 자격루가 작동하는 순서: ☐ → ☐ → ☐ → ☐

❷ 자격루를 만든 까닭

----

4 조선의 발명가인 장영실은 수많은 과학 기구를 발명하였어요. 내가 세종이라고 생각하고, 장영실에게 상장을 만들어 주세요.

tip 장영실이 만든 발명품으로 어떤 점이 좋아졌는지 생각해 봐.

혼천의 간의 앙부일구 수표 자격루

상

이름: 장영실

위 사람은

이 상장을 수여합니다.

14○○ 년 ○○ 월 ○○ 일

조선 제4대 왕 세종

4 훈민정음의 탄생

 이때는 말이야~

5-2 1. 옛사람들의 삶과 문화
③ 민족 문화를 지켜 나간 조선

'백성을 가르치는 바른
소리'라는 뜻이야.

훈민정음
창제

1443

훈민정음으로 쓴
첫 번째 책이야.

『용비어천가』
간행

1447

ⓞ 『용비어천가』

ⓞ 『훈민정음』 「해례본」

1446
훈민정음
반포

1450
세종의 죽음

성종 즉위
1469

조선 시대에 나라를 다스리는 기준이 된 최고의 법전이야.

○『경국대전』

1485
성종,
『경국대전』 완성

연산군 즉위
1494

연산군은 훈민정음 사용을 금지했던 왕이야.

1527
『훈몽자회』 간행

훈민정음으로 풀어 쓴 한자 학습서래.

Hi-story Hi~

☞ 키워드

훈민정음

訓 가르칠 훈
民 백성 민
正 바를 정
音 소리 음

한글의 처음 이름. 세종은 새롭게 만든 글자를 '백성을 가르치는 바른 소리'라는 뜻으로 '훈민정음'이라고 이름 지었다. 처음 창제되었을 때는 28자였으나, ᅀ, ·, ᅙ, ᅌ가 생활에 자주 쓰이지 않아 점차 자취를 감추게 되었다. 그리고 1933년 조선어 학회에서 '한글 맞춤법 통일안'을 제정할 때 이 네 글자가 제외되어 24자가 되었다.

안녕, 친구들! 나는 친구들이 매일 읽고 쓰는 '**한글**'이야. 원래 이름은 '**훈민정음**'이었어. '백성을 가르치는 바른 소리'라는 뜻이지.

나를 만든 사람은 **세종**이란다. 그런데 세종이 나를 만드는 일은 엄청 위험한 일이었대. 하마터면 나는 세상에 나오지도 못할 뻔 했어. 오늘은 훈민정음이 어떻게 만들어졌는지 이야기를 해 주려고 해.

세종이 왜 훈민정음을 만들었을까?

> 우리나라 말이 중국과 달라 한자와는 서로 잘 통하지 않는다. 이런 까닭으로 어리석은 백성들이 하고 싶은 말이 있어도 제 뜻을 펴지 못하는 사람이 많다. 내가 이것을 가엾게 여겨 새로 스물여덟 글자를 만드니 사람마다 쉽게 익혀 일상생활에 편리하게 쓰도록 하노라.
>
> – 『훈민정음』 「해례본」 예의편

세종은 『**훈민정음**』 「**해례본**」에 나를 만든 이유를 적어 놓았어. 백성을 사랑하는 세종의 마음이 느껴지지?

◉ 『훈민정음』 「해례본」(간송 미술관)

세종은 충과 효 같은 유교 사상을 백성들에게 심어 주고 싶어 했어. 조선은 유교를 나라의 근본 사상으로 삼았지만, 아주 오랫동안 불교를 믿어 온 백성들은 유교를 잘 몰랐거든.

훈민정음을 만든 까닭과 사용법을 설명해 놓은 책이야.

또한 백성들은 나라의 소식을 알리는 **방**을 읽지 못해 어려움에 처하거나 법을 어기는 경우가 많았어. 재판을 받을 때도 글을 몰라 억울하게 누명을 쓰거나 지나치게 큰 벌을 받기도 했지.

그래서 세종은 백성들을 돕기 위해 새로운 글자를 만들기로 결심한 거야. 훈민정음은 이렇게 세종이 백성을 위하는 마음으로 만든 글자란다.

그런데 세종은 비밀리에 훈민정음을 만들기 시작했어. 왜 그랬을까? 당시 신하들은 중국에 대해 **사대주의** 사상을 가지고 있어서 새 글자를 만드는 것은 조선의 전통에 어긋나는 일이라고 생각했어. 또한 양반들은 글자를 아는 것이 양반의 특권이라고 생각했어. 이런 분위기에서 세종이 새 글자를 만들겠다고 발표하거나, 새 글자를 만들라고 신하들을 시킬 수 있었겠어?

결국 세종은 아무에게도 들키기 않기 위해 나랏일을 끝낸 다음, 잠을 아껴가며 몰래 글자를 연구했어. 신하들에게 도움을 청할 수 없었던 세종은 왕자와 공주들에게 글자 연구를 시켰어.

또한 궁녀를 불러 궁녀가 말할 때마다 입이 변하는 모양과 혀와 **성대** 모양을 자세하게 살펴보았어. 수많은 날의 노력 끝에 1443년, 드디어 훈민정음이 완성되었어.

★ 참고 자료

세종이 비밀리에 훈민정음을 만든 까닭: 명나라에 이 사실이 알려질까 봐 두려웠기 때문이다. 중국과 사대 관계에 있는 조선이 한자를 두고 새로운 글자를 만든다는 것 자체가 전통에 어긋난 일이라고 여겼기 때문이다.

방: 백성들에게 알릴 일이 있을 때 길거리 벽에 붙이던 글이다.

사대주의: 작고 약한 나라가 크고 강한 나라를 섬기고 그에 의지하여 자기 나라를 유지하려는 태도이다.

성대: 목구멍. 목소리를 내는 곳이다.

吏 관리 **이**

讀 구절 **두**

한자의 음과 훈을 빌려 우리말을 기록하던 표기법이다.

세종은 가장 믿고 아끼던 집현전 학자들에게 훈민정음의 완성 소식을 알렸어. 그런데 이 소식을 듣자마자 신하들이 펄쩍 뛰며 화를 내는 거 있지?

특히 집현전의 대학자였던 **최만리**는 훈민정음 **창제**를 비판하며 **반포**를 반대하고 나섰단다.

"새 글자를 만드는 것은 명나라를 섬기는 조선이 스스로 오랑캐가 되는 일이옵니다. 중국 외에 문자를 가진 나라는 모두 문화가 낮은 나라여서 오랑캐라고 불립니다. 또한 우리는 신라 때부터 **이두**를 써 와서 불편함이 없습니다. 이두는 한문에서 와서 학문 발전에 도움이 되지만, **언문**은 그렇지 않습니다."

최만리가 강하게 반대했지만, 세종은 물러서지 않았어.

"훈민정음이 이두보다 훨씬 배우기 쉽고 쓰기 편한 문자이다. 또한 훈민정음으로『삼강행실도』를 번역해 백성에게 가르치면 충신과 효자가 쏟아져 나올 것이다."

이쯤 하면 물러날 만도 한데 최만리도 만만치 않더라고.

★ **참고 자료**

대부분의 집현전 학자들은 새 글자를 만드는 일에 거의 참여하지 않았다. 신숙주, 성삼문 등 젊은 학자들만이 몰래 참여했다. 훈민정음이 반포된 다음, 그것으로 책을 만드는 일부터 참여했다.

최만리: 집현전의 대학자로 세종의 훈민정음 창제에 반대한 대표적인 인물이다.

창제: 전에 없던 것을 처음으로 만들거나 제정하는 것이다.

반포: 세상에 널리 퍼뜨려 모두 알게 하는 것이다.

언문: 옛날에 '훈민정음'을 낮추어 이르던 말이다.

전하, 언문 반포를 하시면 안 됩니다.

백성들을 위한 일이다. 말리지 마라.

훈민정음 반포

최만리

세종

의금부: 조선 시대에 왕의 명령에 따라 큰 죄를 지은 사람을 조사하던 관청이다.

"중국은 말과 글이 같은데도 백성들이 억울한 일을 겪습니다. 또한 백성들이 글자를 안다고 해서 충신, 효자가 더 많이 나오는 것도 아닙니다. 그리고 새 글자 창제와 같은 중대한 일을 신하들의 의견을 모으지 않고 혼자 결정하신 것은 옳지 않습니다."

"내가 새로운 글자를 만들겠다고 하면 그대들이 찬성했겠는가?"

세종은 훈민정음 반포를 끝까지 반대하는 최만리 등 7명의 신하들을 **의금부**에 가두어 버렸어. 그리고 1446년, 드디어 세종은 온 나라에 훈민정음이 창제되었음을 반포했어.

세종은 가장 먼저 훈민정음으로 『**용비어천가**』라는 책을 만들어 조선의 건국이 당연하다는 것을 백성들에게 널리 알리고자 했어. 또한 세종 이후에는 『**삼강행실도**』, 『**효경**』 같은 책들도 훈민정음을 이용해서 만들어 유교 이념인 충, 효 등을 백성들에게 가르쳤지. 훈민정음이 반포되자 궁궐의 여자들은 너도나도 훈민정음을 배우기 시작했어. 백성들도 훈민정음을 배우고 익히는 데 열심이었지.

★ 참고 자료

훈민정음으로 쓴 책들

⊙ 『**용비어천가**』: 태조 이성계의 4대 조상부터 태종까지의 업적을 찬양하고, 새 나라 조선의 위엄을 칭송하는 노래이다.

⊙ 『**삼강행실도**』: 우리나라와 중국의 서적에서 임금과 신하, 아버지와 아들, 부부 관계에 모범이 될 만한 충신 · 효자 · 열녀의 행실을 모아 만든 책이다.

⊙ 『**효경**』: 효의 원칙과 규범을 적어 놓은 책이다.

★ 참고 자료

훈민정음은 배우기가 무척 쉬웠다. 그래서 세종은 지혜로운 사람은 하루가 가기 전에 익힐 수 있고, 어리석은 사람도 열흘이면 배울 수 있다고 말하기도 했다.

대비: 임금님의 어머니. 또는 선왕의 부인이다.

전교: 다른 사람의 손을 거쳐 편지나 서류 따위를 건네 주는 것이다.

칭송: 훌륭한 일이나 잘한 일을 칭찬하여 높이 우러르는 것이다.

훈민정음이 반포되었으니, 이제 백성들에게 널리 쓰이며 우리 글자로 자리 잡았을까?

세종이 훈민정음의 창제를 반포했지만, 양반들은 여전히 나를 무시했어. 양반들은 훈민정음을 언문, 반절(반토막 글), 암글(아녀자가 쓰는 글), 아햇글(아이들이 쓰는 글)이라 낮추어 불렀어.

양반들은 끝까지 훈민정음을 배우지 않았을까? 결국에는 양반들도 훈민정음을 배울 수밖에 없었어. 훈민정음은 배우기 쉬울 뿐만 아니라, 안 배우면 불편한 것이 많았거든. 나라의 방을 '훈민정음'으로 붙이니 배우지 않으면 읽을 수 없었고, 만약 **대비**전에서 **전교**를 내렸는데 그걸 읽지 못한다면 큰일이잖아.

하지만 양반들은 여전히 훈민정음을 싫어했어. 세종이 훈민정음을 반포한 지 4년 뒤에 세상을 떠났는데, 조선의 양반들은 세종이 이룬 수많은 업적들은 모두 **칭송**했지만, 훈민정음 창제는 칭송의 대상에서 쏙 빼버렸어.

조선의 양반들은 마치 훈민정음이 이 세상에 존재하지 않는 것처럼 모든 문자 생활을 한문으로만 했어. 조선의 대학자들, 예를 들어 정철이나 윤선도, 이황, 이이 등 유명한 학자들 모두 한자로 학문을 연구하고 글을 썼잖아. 하지만 이들은 훈민정음을 없애거나 사용하지 말자는 말은 하지 않았어.

그런데 **연산군** 때 훈민정음은 정말 없어질 뻔 했어. 연산군이 조선 최대의 폭군이라는 건 알지? 그때 사람들이 연산군의 **폭정**을 비판하는 글을 훈민정음으로 써서 길거리에 붙였는데, 연산군이 화를 내며 훈민정음으로 된 책을 모두 불태워 없애 버리고, 훈민정음의 사용을 금지시켰거든.

하지만 백성들은 훈민정음을 포기하지 않았어. 최세진이란 사람은 『**훈몽자회**』라는 한자 학습서를 훈민정음으로 풀이해서 썼고, 수많은 한글 소설들이 생겨나 백성들 사이에서 큰 인기를 끌기도 했단다. 또한 조선의 여인들은 훈민정음으로 편지를 주고받았어.

훈민정음은 조선 시대 내내 나라의 글자로 인정받지 못한 채 겨우겨우 명맥을 이어가고 있었어.

훈몽자회

訓	가르칠	**훈**
蒙	어릴	**몽**
字	글자	**자**
會	모을	**회**

중종 때 최세진이라는 사람이 어린이들의 한자 학습을 위하여 지은 책이다. 각 글자 밑에 훈민정음으로 표기를 해 어린이들의 한자 공부에 도움을 주었다.

★ **참고 자료**

연산군: 조선의 제10대 왕으로 성종과 폐비 윤씨 사이에서 태어났다. 수많은 신하를 죽이고 내쫓는 등 폭정을 하자 왕위에서 쫓겨났다.

폭정: 포악한 정치를 말한다.

★ **참고 자료**

훈민정음으로 쓰인 대표적인 소설로는 『홍길동전』, 『춘향전』 등이 있다.

글을 읽을 수 있어 기뻐요.

나도 글을 쓸 수 있어요.

★ 참고자료

주시경(1876~1914): 조선 말 일제 강점기에 우리말과 한글을 연구한 국어학자이다. 민족의 계몽을 위해 우리말을 대중에게 가르치고 보급하였다.

훈민정음이 우리글로 자리매김하기 시작한 건 일제 강점기부터야. 일제 침략으로 우리 민족은 우리글의 소중함을 절실히 깨닫게 되었어. 이때부터 우리 글자를 사용하자는 운동이 일어났어. 훈민정음을 '국문'이라고 부르다가, 한글학자인 **주시경** 선생이 1913년 『아이들보이』라는 어린이 잡지에 '한글(한 나라의 글, 세상에서 첫째 가는 글이란 뜻)'이라는 용어를 사용하면서 내 이름이 '한글'로 정착되었어.

하지만 일제의 탄압으로 한글은 또 없어질 뻔 했어. 일제는 우리 민족에게 일본식으로 이름을 고치게 하였고, 일본어만 쓰게 했어. 또한 우리말이나 글을 쓰면 처벌하였지.

한글을 지키기 위해 수많은 사람이 큰 희생을 치루었어.

1945년 8월 15일, 광복과 함께 마침내 한글은 우리나라의 대표 글자가 되었어. 이때부터 한자도 없애고 한글만을 쓰기로 결정한 거야.

어때? 한글이 자리 잡기까지 참 험난한 길을 걸어왔지? 이야기를 듣고 보니 한글을 더욱 소중히 여겨야겠다는 결심이 불끈 솟지 않아?

⊙ 1896년 4월, 서재필이 「독립신문」을 순한글로 발행하였다. 이는 「독립신문」의 순한글 발행은 2천 년 이상 한자 문화 속에 살던 우리 역사에서 대혁명과도 같은 일이었다. 이로써 한글은 조선의 정식 표기 수단으로 등장하게 되었고, 이때부터 띄어쓰기도 하게 되었다.

한글을 아끼고 사랑해 주길 부탁해.

⊙ 세종 동상

한글은 세계 2,900여 종의 언어 가운데 유네스코에서 최고의 평가를 받을 정도로 세계에서 가장 우수한 글자이고, 유일하게 만든 사람이 알려져 있는 글자야. 한글이 왜 세계 최고의 문자로 인정받는지 그 이유를 알아보자.

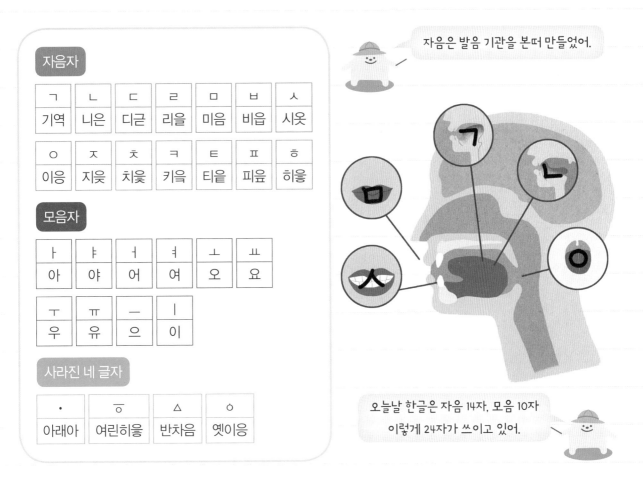

자음은 발음 기관을 본떠 만들었어.

오늘날 한글은 자음 14자, 모음 10자 이렇게 24자가 쓰이고 있어.

자음자

ㄱ	ㄴ	ㄷ	ㄹ	ㅁ	ㅂ	ㅅ
기역	니은	디귿	리을	미음	비읍	시옷

ㅇ	ㅈ	ㅊ	ㅋ	ㅌ	ㅍ	ㅎ
이응	지읒	치읓	키읔	티읕	피읖	히읗

모음자

ㅏ	ㅑ	ㅓ	ㅕ	ㅗ	ㅛ
아	야	어	여	오	요

ㅜ	ㅠ	ㅡ	ㅣ
우	유	으	이

사라진 네 글자

·	ㆆ	△	ㆁ
아래아	여린히읗	반차음	옛이응

첫째, 과학성과 철학을 동시에 가지고 있어.

자음은 사람의 발음 기관을 본떠 만들었기 때문에 글자의 모양만 보고서도 그 글자의 소리를 알 수 있어. 모음은 ·, ㅡ, ㅣ 세 글자를 기본으로 하는데, 이것은 하늘, 땅, 사람을 의미해. 자음은 과학적인 원리를, 모음은 동양의 철학이 담겨 있어.

둘째, 한글은 가장 많은 소리를 글로 표현할 수 있대.

한글은 1만 2천여 가지의 소리를 표현할 수 있는 세계 최고의 문자야. 세상에 존재하는 문자 중 한글만큼 다양한 소리를 표현할 수 있는 글자는 없다고 해.

셋째, 한글은 세상에서 가장 배우기 쉬운 글자야.

한글은 자음 다섯 글자(ㄱ, ㄴ, ㅁ, ㅅ, ㅇ)와 모음 세 글자(·, ㅡ, ㅣ)를 바탕으로 획을 더하는 원리에 따라 나머지 글자를 만들었기 때문에 쉽게 배울 수 있어. 또한 컴퓨터 자판에 들어가는 언어는 알파벳과 한글뿐이라고 해. 문자 메시지를 보낼 때도 한글이 최고지.

history Point

1 다음에서 설명하는 알맞은 말을 보기 에서 찾아 쓰세요.

보기   최만리   주시경   세종 대왕   『훈민정음』「해례본」   『삼강행실도』

① 훈민정음을 만든 까닭과 사용 방법을 설명해 놓은 책은?   (   )

② 훈민정음 반포를 강력하게 반대한 집현전의 대표 학자는?   (   )

③ '한글'이라는 용어를 처음으로 사용해서 정착시킨 인물은?   (   )

2 친구들이 훈민정음에 대해 이야기를 하고 있어요. 알맞게 이야기한 친구에게 ○, 잘못 말한 친구에게 ×를 해 보세요.

훈민정음이 반포 되자 궁궐의 여인들과 서민들은 새 글자를 열심히 배웠어.

세종은 훈민정음으로 『용비어천가』를 지어 조선 건국의 정당성을 보여 주려고 했잖아.

연산군은 조선의 왕 중에서 훈민정음 을 가장 아끼고 사랑 했던 왕이었어.

일제 강점기에 일본은 한글을 적극적으로 권장해 쓰게 했어.

3 다음은 세종이 훈민정음을 창제하고 반포하는 과정이에요. 답이 ○인 길을 따라가 함정에 빠지지 않고 훈민정음을 무사히 반포할 수 있도록 최종 목적지에 도착해 보세요.

1 다음 신문 기사를 읽고, 세종이 훈민정음을 창제한 까닭을 백성과 관련지어 써 보세요.

조선 신문

1446년 ○○월 ○○일

세종, 훈민정음을 반포하다

1443년에 훈민정음을 창제한 세종은 3년 후인 1446년에 드디어 반포하였다. 세종이 훈민정음을 반포하자 이에 기뻐한 백성들은 새로운 글자를 만든 세종에게 벌써부터 훈민정음으로 감사 편지를 쓰겠다는 분위기다.

'백성을 가르치는 바른 소리'라는 뜻의 훈민정음은 세종이 백성을 위하는 마음을 담아 창제하였다. 훈민정음은 자음과 모음 총 28자로 만들어졌으며, 소리 나는 대로 쓸 수 있다는 특징을 가지고 있다. 그동안 글을 몰라 억울하고 힘든 일을 겪었던 백성들에게 가장 기쁜 소식이 아닐 수 없다. 훈민정음이 앞으로 조선 백성들의 생활에 어떤 영향을 줄지 주목해 본다.

– ○○○ 기자

2 다음은 세종이 훈민정음을 반포하겠다고 하자 신하들이 반대하고 있는 상황이에요. 훈민정음 반포를 반대하는 신하를 한 명 고르고, 내가 세종이라면 어떻게 반박할지 써 보세요.

tip 신하들이 훈민정음 반포에 반대한 까닭은 중국과 조선의 관계, 신분제 사회 등과 관련이 있어.

훈민정음을 반포하면 백성들이 글자를 배워 쓸 수 있을 텐데 그대들은 왜 반대하는 것인가?

❶ 중국을 섬기는 조선이 한문이 아닌, 새 글자를 만들어 쓰는 것은 스스로 오랑캐가 되는 일입니다.

❷ 우리는 신라 때부터 이두를 써서 불편함이 없습니다. 이두는 학문 발전에 도움이 되지만, 새 글자는 그렇지 않습니다.

❸ 새 글자 창제와 같이 중요한 일을 신하들의 의견을 모으지 않고 혼자 결정한 것은 옳지 않습니다.

• 선택한 신하의 주장: (　　　　　　　　)
• 세종이 반박한 말

3 세종이 훈민정음을 반포하였을 때 이를 반대하던 백성과 찬성하던 백성이 있었어요. 훈민정음에 대한 백성들의 의견이 서로 다른 까닭과 훈민정음 반포 이후 조선은 어떻게 달라졌는지 써 보세요.

1 양반들이 훈민정음 반포를 반대한 까닭은?

2 백성들이 훈민정음 반포를 찬성한 까닭은?

VS

3 훈민정음 반포 이후 조선은 이전과 비교해 어떻게 달라졌을까요?

4 다음 글을 읽고, 훈민정음을 창제한 세종 대왕님께 감사 편지를 써 보세요.

tip 세종 대왕을 민족의 스승으로 여기는 까닭은 무엇일까?

- 1989년 6월, 유네스코에서는 한글 창제에 담긴 세종 대왕의 정신을 기리고 전 세계에서 문맹을 퇴치하기 위해 헌신하는 개인, 단체, 기관에게 '세종 대왕상'을 제정해 시상하고 있다.
- 우리나라는 1965년부터 세종 대왕의 생일인 5월 15일을 '스승의 날'로 정해 기념하고 있다.

✿ 조선의 도읍인 한양의 모습이에요. 두 그림에서 다른 열 군데를 찾아 오른쪽 그림에 ○표 하세요.

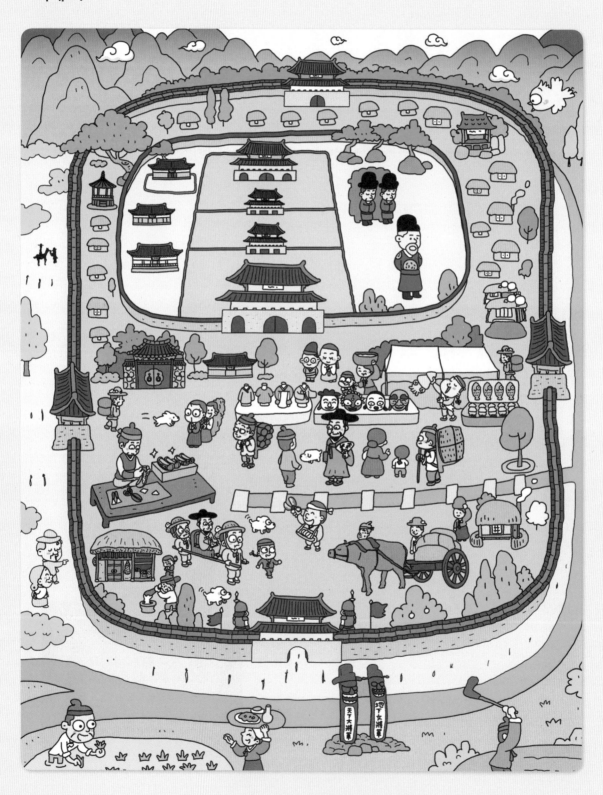

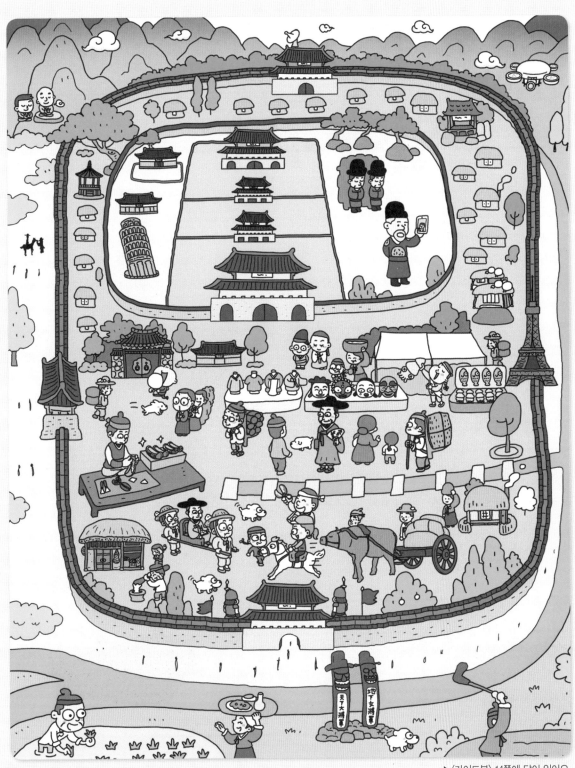

▶〈가이드북〉 14쪽에 답이 있어요.

조선 1

5 임진왜란이 일어나다

이때는 말이야~

이순신 장군이
거북선을 이끌고 한산도 앞바다에서
큰 승리를 거두었어.

한산도 대첩
1592. 7.

1592. 4.

**임진왜란
발발**

일본이 조선에
쳐들어오자 선조는
의주로 피란했어.

1592. 10.

진주 대첩

⊙ 학익진 전법

명

의병

수군

일본

권율 장군이
일본군을
크게 무찔렀지.

행주 대첩

1593. 2.

⊙ 행주 대첩

노량 해전을
마지막으로 일본과의
전쟁은 끝이 났어.

노량 해전,
이순신의 죽음

1598. 11.

1597. 1.

정유재란
발발

일본이 3년간 휴전
하였다가 또 쳐들어왔어.

○─ 키워드

임진왜란

壬	아홉째 천간 임
辰	다섯째 지지 진
倭	왜나라 왜
亂	어지러울 란

1592년(임진년)에 일어난 일본과의 전쟁으로 7년 동안 계속되었다.

김성일: 조선 선조 때 통신사로 일본에 다녀온 후. 전쟁은 일어나지 않을 것이라고 주장했으나 전쟁이 일어났다.

통신사: 조선 시대 왕의 명령으로 일본에 보낸 외교 사절단이다.

신립: 선조의 신임을 받은 장군으로 충주 탄금대 앞의 넓은 평야에서 일본군과 맞서 싸우다가 크게 패하고 그곳에서 전사했다.

황윤길: 김성일과 함께 일본에 통신사로 다녀와 일본이 침략할 거라고 주장했다.

도요토미 히데요시: 16세기 말. 도요토미 히데요시가 일본의 전국 시대를 통일하고 대륙 침략(명나라)를 꾀하였다.

지금부터 여러분은 **김성일**이 쓴 일기를 볼 거예요. 김성일은 선조 때 일본에 파견한 **통신사** 중 한 명으로 **임진왜란**과 관련이 깊은 인물이에요. 그를 통해 임진왜란을 함께 들여다보기로 해요.

⊙ 김성일의 일기는 가상으로 작성된 것임을 밝힙니다.

1592년 7월 ○일

1592년 4월 13일, 일본이 20만 대군을 이끌고 조선을 쳐들어왔다. 일본군은 부산에 상륙해 곧바로 부산진과 동래성을 공격했다. 이곳을 지키던 조선의 군인과 백성들은 용감하게 싸웠지만 일본군을 막아 낼 수 없었다.

그 후 일본은 거침없이 조선 땅을 점령해 나갔다. 임금은 일본군이 부산에 상륙한 지 4일이 지난 후에야 일본군의 대규모 침략을 알아차렸다. 그만큼 조선의 군사 연락망은 형편없었다.

임금은 곧바로 **신립** 장군을 충주로 보내 일본군과 싸우게 했다. 한양(서울) 아래에 위치한 충주를 지킨다면 일본군이 한양 땅을 침범할 수 없을 테니까. 하지만 신립 장군 또한 일본군에게 크게 패하고 말았다. 충주에서 승리한 일본군은 한양까지 단숨에 쳐들어왔다.

사실 몇 년 전부터 일본이 조선을 침략할 거라는 소문이 돌았기에, 임금은 나와 **황윤길**을 통신사로 임명해 일본의 상황을 살펴보라는 명을 내렸다.

당시 일본은 전국을 통일한 **도요토미 히데요시**가 최고 권력을 쥐고 있었다. 오랫동안 나라를 통일하기 위해 전쟁을 치러온 일본은 최고의 군사력과 새로운 무기를 갖추고 있었다.

일본에서 돌아온 우리는 임금에게 전혀 다른 보고를 했다.

황윤길은 일본이 쳐들어올 것이라 했지만, 나는 절대 전쟁은 없을 거라고 했다. 조선은 건국 이래 200년 동안 큰 전쟁 없이 평화를 누렸기 때문에 군사 훈련과 무기 개발에 소홀했다. 나는 아직 일어나지도 않은 전쟁을 위해 나랏돈을 들이고, 백성들을 불안하게 만들 필요는 없다고 판단한 것이다. 그러나 내 판단은 잘못되었다. 도요토미 히데요시가 명나라를 공격하기 위한 길을 빌린다는 구실로 조선을 침략한 것이다. 임금께서 내 주장을 받아들였기 때문에 우리는 전쟁을 준비하지 못한 채 임진왜란을 맞았다.

일본군이 한양을 향해 오자, 임금은 궁궐을 버리고 평양을 거쳐 의주까지 **피란**했다. 그리고 당장 나를 잡아 죽이려고 했다. 간신히 살아남은 나는 목숨을 다해 왜적과 싸울 것을 다짐했다.

★ **참고자료**

선조는 임금이 잡히면 나라가 망할 것이라 생각하여 백성을 버리고 북쪽으로 피란했다. 실제로 일본은 왕이 잡히면 전쟁에서 승리한다고 생각해 선조를 잡기 위해 안간힘을 썼다.

피란: 전쟁을 피해 안전한 곳으로 옮겨 가는 것이다.

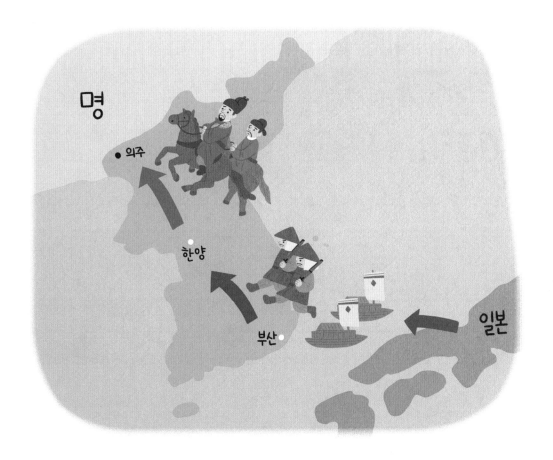

학익진

鶴 학 **학**

翼 날개 **익**

陣 진칠 **진**

함선을 학이 날개를 펼친 것처럼 밀집 대형으로 배치하여 공격해 오는 적선에 집중적으로 포 사격을 가하는 전법이다.

★ 참고 자료

광해군: 선조의 둘째 아들이다. 선조는 광해군을 세자로 서둘러 책봉하고 자신은 중국으로 도망가려고 했다. 광해군은 아버지 선조와는 다르게 전국을 돌아다니며 전쟁으로 고통 받는 백성들을 돌보는 일에 몰두했다.

한산도에서 이순신 장군이 학익진 전법을 펼치고 있는 현장이에요.

1592년 8월 ○일

　일본은 조선에 상륙한 지 20일 만에 한양을 점령할 정도로 무서운 기세로 조선을 점령했다. 선조는 아들 **광해군**을 세자로 삼은 다음, 중국으로 도망가려고 했다. 조선은 바람 앞의 등불처럼 위태로웠다. 이때 기적처럼 **이순신**이 등장했다. 이순신은 옥포 해전, 사천 해전에 이어 당포, 당항포, 율포, 한산도 등 여러 곳에서 승리를 이어 갔다. 이순신이 바다를 지켜 내자, 일본 수군은 육군에게 제때 식량과 무기를 전해 주지 못해 곤란한 처지가 되었다.

　특히 한산도 대첩에서 이순신이 펼친 전략은 놀라웠다. 이순신은 일본 함대 70여 척이 견내량에 머물고 있다는 소식을 들었다. 견내량이 폭이 좁고 물살이 세다는 것을 확인하고는 판옥선 5, 6척으로 일본 수군을 유인했다. 그리고 일본군이 한산도 앞바다에 이르렀을 때 적이 도망칠 길을 차단하고 '**학익진**'을 펼쳐 66여 척의 일본 배를 격파했다는 것이다. 전투 결과 조선은 사상자도 거의 없었고, 함대의 손실도 전혀 없었다고 한다.

임진왜란 1년 전, 조선이 이순신을 전라좌수사로 임명한 것은 하늘이 도운 것이다. 조선이 평화로울 때, 이순신은 군사들을 훈련시키고, 무기와 식량을 확보하고, **거북선**을 만들었다. 이순신은 전쟁 중에도 틈만 나면 남해안의 지형과 물살을 살펴 전투를 벌이기 유리한 곳으로 적을 유인해 싸웠다고 한다. 또한 이순신은 곳곳에 적의 정보를 얻을 수 있는 장치를 해 놓아 신속하게 적의 움직임을 파악해 적절하게 대처했다.

이순신의 전술은 획기적이었다. 조선의 대포는 한 번 쏘면 1200m까지 날아갈 정도로 훌륭했는데, 왜군의 조총은 바로 앞의 적만 쏠 수 있었다. 이것을 **간파**한 이순신은 먼 거리에서 대포를 쏘아 적선을 불태우거나 침몰시키는 전투를 벌였다는 것이다. 그뿐만 아니라 이순신은 전쟁이 없을 때는 군사들이 백성들과 함께 농사를 짓게 하여 식량을 마련했다고 한다. 백성들이 이순신을 존경하고 사랑하는 것은 당연한 일이다.

★**참고 자료**

거북선: 이순신은 임진왜란이 일어나기 전, 전쟁에 미리 대비해 거북선을 만들었다. 거북선은 판옥선보다 대포를 많이 설치할 수 있어서 사방에서 포를 쏠 수 있었다. 용머리에서 연기를 뿜어내 적을 혼란에 빠뜨리기도 했다. 이런 방어력 덕분에 거북선은 돌격선 역할을 했다. 거북선이 적진 한가운데로 돌진해서 각종 포를 쏘아 적의 대열을 무너뜨리면 뒤따르는 판옥선에서 일제히 화포와 화살을 쏘아 적을 물리쳤다. 거북선은 사천 해전에서 처음 사용되었다.

간파: 속내를 꿰뚫어 알아차리는 것이다.

부산포
부산포 해전
노량
노량 해전
당포
당포 해전
옥포
옥포 해전
한산도
한산도 대첩
명량
명량 대첩

✪ 거북선

의병

義 의로울 의

兵 병사 병

임진왜란 때 전국 곳곳에서 활약한 군인으로 나라를 위하여 스스로 일어났다. 대표적인 의병으로는 곽재우, 고경명, 김천일 등이 있으며, 스님들로 이루어진 승병도 힘을 합쳐 활약했다.

보급로: 군대에 자금이나 식량, 무기 따위를 대어 주는 통로이다.

의병들이 전국 곳곳에서 활약했어.

명

갈주
정문부

묘향산
서산대사

연안
이정암

금강산
사명대사

안동
김희

고령
김면

영천
권응수

금산
조헌·영규

합천
정인홍

나주
김천일

담양
고경명

의령
곽재우

화순
최경회

일본

1593년 3월 ○일

나는 전쟁은 없을 것이라고 주장했던 것을 두고두고 후회했다. 하지만 하늘은 조선을 버리지 않았다.

이순신이 바닷길을 막아 일본군의 보급로를 차단했고, 육지에서는 의병들이 일본군을 무찌르기 시작했다. 때마침 도움을 요청했던 명나라 군대도 도착했고, 관군들도 힘을 내어 용감하게 싸웠다. 이제 일본군은 독 안의 든 쥐처럼 옴짝달싹 못하는 신세가 되었다.

전국 곳곳에서 일어난 의병들은 일본군을 당황하게 만들었다. 의병들은 자신들이 나고 자란 지역의 지리를 잘 알고 있다는 장점을 살려 일본군을 기습 공격하고 재빨리 도망쳤다.

뜻 있는 선비들은 자신의 재산을 털어 의병을 조직했고, 백성들은 의병이 되어 목숨 걸고 싸웠다. 나도 의병을 모아 함께 싸웠다. 이것만이 내 잘못을 씻는 길이라고 생각했기 때문이다.

임금은 도망 다니기 바빴지만, 세자인 광해군은 전국 곳곳을 돌아다니며 백성들을 돌보았고, 군인들의 식량과 무기를 모으는 등 바쁘게 활동했다. 젊은 세자가 나라와 백성을 위해 일하자 백성들도 힘을 냈다.

⊙ 의병 곽재우: '홍의 장군'이라 불리며 일본군에 맞서 싸운 의병장이다.

관군들의 활약도 시작되었다. 이순신 때문에 바닷길이 막힌 일본군은 육지를 통해 전라도를 장악할 목적으로 전라도로 가는 길목에 있는 진주성을 공격했다. 하지만 **김시민** 장군과 진주성의 군인, 백성들은 기와와 돌, 나무 등 무기가 될 만한 것은 무엇이든 이용해 필사적으로 싸웠다(진주 대첩). 나는 의병들을 끌고 진주성 밖에서 함께 싸웠다. 결국 일본군은 크게 패배해 물러났다.

때마침 명나라 군대와 관군, 의병이 힘을 합쳐 평양성을 공격해 승리를 거두었다. 조선과 명나라 연합군은 한양을 되찾기 위해 행주산성으로 군사를 이동시켰다. **권율** 장군은 1만 명의 군사로 10만 명의 일본군과 맞서 싸웠다(행주 대첩). 일본군은 해가 질 때까지 9번이나 쳐들어왔지만, 조선군은 화살을 쏘고 돌을 던지며 적군을 막아 냈다. 병사들이 지치면 여자들이 돌을 나르며 도왔다. 이 전투에서 크게 패한 일본군은 **강화 회담**을 제안했다. 드디어 참혹했던 전쟁의 끝이 보이는 순간이 찾아왔다.

★ 참고자료

진주 대첩: 진주성 목사인 김시민은 피리 부는 사람들을 불러 처량한 피리 소리로 일본군의 사기를 떨어뜨렸고, 성 안의 여자들에게 군인 옷을 입혀 군사 수가 많아 보이게 했다. 이 전투에서 활약한 김성일은 의병과 관군을 연결시켜 진주성 전투를 승리로 이끄는 데 큰 역할을 했다.

행주 대첩: 권율이 행주산성에서 일본군을 크게 격파한 전투이다. 이 전투에서 여자들도 치마에 돌을 담아 날라서 싸웠다고 전해진다.

강화 회담: 싸우던 두 편이 싸움을 그치고 어떻게 평화로운 상태를 만들지 토의하는 일이다.

⊙ 행주 대첩

⊙ 진주 대첩

한산도 대첩과 함께 진주 대첩, 행주 대첩을 임진왜란의 3대 대첩이라고 해.

정유재란

丁 넷째 천간 **정**

酉 열째 지지 **유**

再 다시 **재**

亂 어지러울 **란**

1597년(정유년)에 일본이 조선을 침략한 전쟁으로, 도요토미 히데요시는 600여 척의 배를 이끌고 조선을 쳐들어왔다.

★ 참고 자료

이순신에게 번번이 패한 일본은 조선 정부에 거짓 정보를 흘려 이순신이 함정에 걸려들기를 바랐다. 하지만 이순신은 적들의 속셈을 알아채 전투에 나가라는 임금의 명령을 따르지 않았다. 그러자 임금은 이순신을 잡아들여 모진 고문을 한 뒤 감옥에 가두었다.

김성일의 일기는 여기까지예요. 김성일이 일본군과 싸우다가 전사했거든요.

강화 회담이 실패하고 일본은 또다시 조선을 침략했어요(**정유재란**). 이때 원균이 칠천량 해전에서 크게 패해 많은 조선 수군과 배를 잃었고, 거북선도 모두 부서졌어요. 상황이 위급해지자, 임금은 모함을 받아 쫓겨났던 이순신을 다시 불러 전쟁터로 보냈어요.

1597년 9월, 이순신이 명량에서 12척의 배로 적선 130여 척을 부수고 큰 승리를 거두자 일본군의 사기는 크게 꺾였어요. 이후 도요토미 히데요시가 죽자 일본군이 철수하기 시작했는데 이순신은 일본군을 그냥 돌려보내지 않기로 결심했어요.

1598년 11월, 이순신과 수군은 철수하는 일본군을 노량에서 크게 물리쳤는데, 이때 이순신이 일본군의 총에 맞았어요. 이순신은 마지막 말을 남기고 숨을 거두었어요.

"싸움이 한창 급하니 나의 죽음을 알리지 말라!"

노량 해전을 끝으로 일본과의 오랜 전쟁은 끝이 났어요.

왜 일본에 통신사를 파견하였을까?

통신사는 태종 때부터 일본에 파견한 외교 사절단이야. 그러나 임진왜란이 일어나자 파견을 중단했지. 그럼 조선은 일본과 인연을 끊었을까? 아니! 일본은 임진왜란을 일으킨 것에 반성했고, 통신사를 파견해 주길 요청했어. 그래서 조선은 일본과 다시 교류하게 되었어.

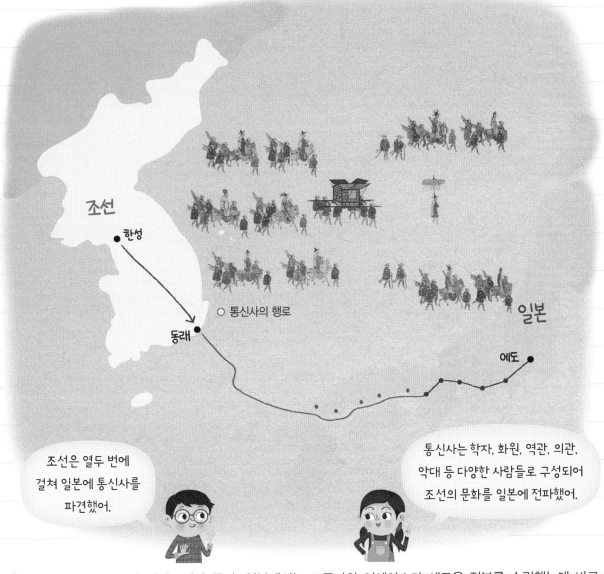

조선

한성

동래

⊙ 통신사의 행로

일본

에도

조선은 열두 번에
걸쳐 일본에 통신사를
파견했어.

통신사는 학자, 화원, 역관, 의관,
악대 등 다양한 사람들로 구성되어
조선의 문화를 일본에 전파했어.

도요토미 히데요시가 죽자, 일본에서는 도쿠가와 이에야스가 새로운 정부를 수립했는데 바로 '에도 막부'야. 새로 들어선 일본 정부는 조선과 다시 교류할 것을 간절히 원했어. 그러자 조선은 임진왜란 당시 의병을 이끌었던 사명 대사를 일본에 보내 전쟁 때 끌려갔던 포로 7천여 명을 되돌려 받은 뒤 외교 관계를 다시 열었어.

일본인들은 통신사가 오면 발달된 학문을 접할 수 있는 기회라고 생각해 통신사 일행을 성대하게 대접했대. 통신사는 선진 문물을 일본에 전해 주기도 했지만, 고구마 같은 일본의 농작물을 조선으로 가져오기도 했어.

1 다음은 임진왜란과 관련된 내용이에요. 빈칸에 들어갈 알맞은 말을 쓰고, 글자판에서 찾아 ◯해 보세요.

① 일본에 보낸 통신사 중 전쟁이 일어나지 않을 거라고 주장한 인물은 ◯◯◯이다.

② 임진왜란이 일어나자 선조는 한양을 버리고 ◯◯까지 피란했다.

③ 곽재우 등 전쟁에 참여한 ◯◯의 신분은 양반에서 천민에 이르기까지 다양했다.

정	황	의	평	한
유	윤	주	양	양
재	길	김	성	일
란	임	진	왜	란
이	순	신	의	병

2 이순신이 수군과 함께 싸워 첫 승리를 거둔 해전과 이순신 장군이 전사했던 해전을 지도에서 찾아 써 보세요.

| 첫 승리를 거둔 해전 | 이순신 장군이 전사한 해전 |

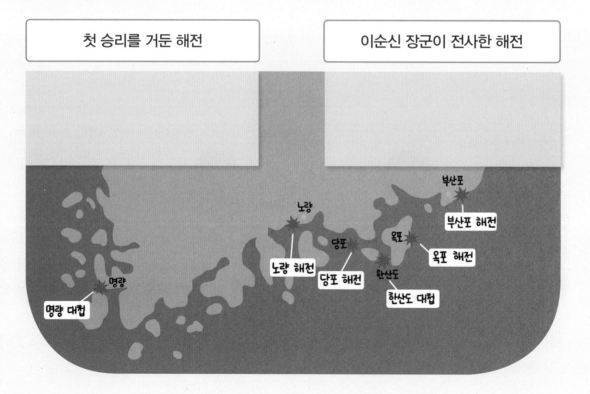

3 임진왜란의 3대 대첩을 정리한 거예요. 빈칸에 들어갈 알맞은 말을 써 보세요.

tip 임진왜란의 3대 대첩은 수군, 의병, 관군 그리고 백성들까지 모두 활약한 전쟁이야.

한산도 대첩

이순신 장군은 견내량 물살이 세고 폭이 좁다는 사실을 파악하고 일본군을 유인했다. 일본군이 한산도 앞바다에 이르렀을 때 이순신은 [   ] 전법을 펼쳐서 66척의 적선을 격파했다.

진주 대첩

바닷길이 막힌 일본군은 전라도로 가는 길목에 있는 [   ]을/를 공격했다. 김시민 장군은 성 안에 있는 군사와 백성들과 함께 필사적으로 싸웠다. 곽재우 등 의병들도 밖에서 함께 싸워 큰 승리를 거두었다.

행주 대첩

조선과 명나라 연합군은 평양성을 되찾았다. 평양성에서 패배한 일본군은 [   ] 장군이 있는 행주산성으로 몰려들었다. 군사들과 여자들까지 일본군과의 싸움을 도왔고, 결국 크게 물리쳤다.

1 일본에 통신사로 다녀온 황윤길과 김성일이 선조에게 서로 다른
보고를 하고 있어요.

tip 임진왜란 이전의 조선은 200년 동안 평화를 누렸기 때문에 전쟁에 대한 대비가 부족했던 상황이었어.

① 당시 일본은 어떤 상황이었을까?

----

② 만약 내가 일본에 통신사로 다녀왔다면 어떤 내용으로 선조에게 보고했을까?

----

2 임진왜란이 일어나자, 선조는 의주로 피란했어요. 선조의 피란에 대해 찬성과 반대의
의견을 선택하고, 그 의견을 선택한 까닭을 써 보세요.

나의 선택	• 선조의 피란을 찬성한다. ( )
	• 선조의 피란을 반대한다. ( )

의견을 선택한 까닭

_____

_____

3 임진왜란 때 전국 곳곳에서 의병이 일어났어요. 의병이 일본군과 싸워 승리할 수 있었던 비결은 무엇일까요? 만약 내가 의병장이었다면 어떻게 의병을 모았을지 글을 써 보세요.

tip 의병장들은 함께 싸울 것을 호소하는 글을 써서 의병을 모아 적과 싸웠어.

❶ 의병의 승리 비결은 ＿＿＿＿＿

＿＿＿＿＿＿＿＿＿＿＿＿＿＿

＿＿＿＿＿＿＿＿＿＿＿＿＿＿

○ 의병의 활동

○ 의병 곽재우

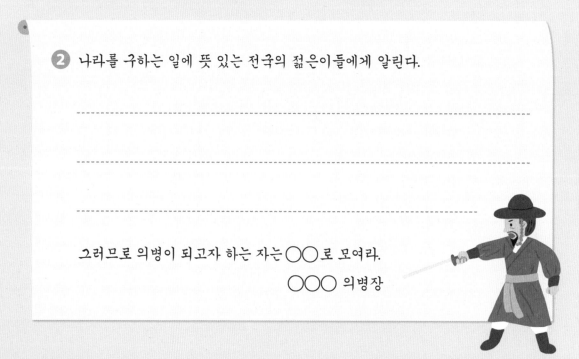

❷ 나라를 구하는 일에 뜻 있는 전국의 젊은이들에게 알린다.

＿＿＿＿＿＿＿＿＿＿＿＿＿＿＿＿＿＿＿＿＿＿＿＿＿

＿＿＿＿＿＿＿＿＿＿＿＿＿＿＿＿＿＿＿＿＿＿＿＿＿

＿＿＿＿＿＿＿＿＿＿＿＿＿＿＿＿＿＿＿＿＿＿＿＿＿

그러므로 의병이 되고자 하는 자는 ○○로 모여라.

○○○ 의병장

4 친구들이 임진왜란을 승리로 이끌었던 이순신 장군에 대해 이야기하고 있어요. 이순신 장군에 대해 알맞게 이야기한 친구를 모두 고르고, 이를 통해 이순신 장군은 어떤 인물이라고 생각하는지 써 보세요.

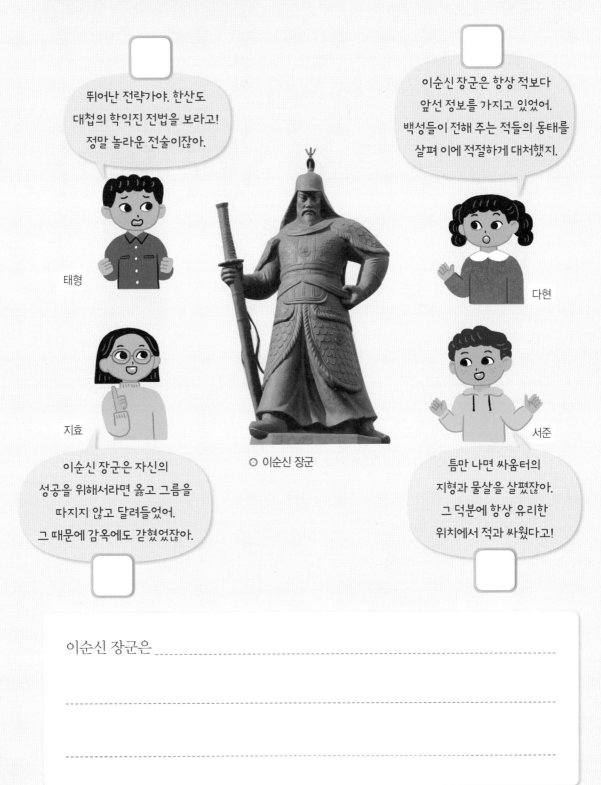

뛰어난 전략가야. 한산도 대첩의 학익진 전법을 보라고! 정말 놀라운 전술이잖아.

태형

이순신 장군은 항상 적보다 앞선 정보를 가지고 있었어. 백성들이 전해 주는 적들의 동태를 살펴 이에 적절하게 대처했지.

다현

이순신 장군은 자신의 성공을 위해서라면 옳고 그름을 따지지 않고 달려들었어. 그 때문에 감옥에도 갇혔었잖아.

지효

ⓞ 이순신 장군

틈만 나면 싸움터의 지형과 물살을 살폈잖아. 그 덕분에 항상 유리한 위치에서 적과 싸웠다고!

서준

이순신 장군은 --

----

6 병자호란, 누구의 책임인가

 이때는 말이야~

5-2 1. 옛사람들의 삶과 문화
③ 민족 문화를 지켜 나간 조선

명

후금

난 중립을
지킬 거야.

광해군이 쫓겨나고
인조가 왕위에 올랐어.

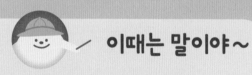

광해군
즉위

1608

인조반정,
인조 즉위

1623

1616

후금 건국

여진족이 세운 나라가
후금이야.

광해군

인조

청나라가 군신 관계를
요구했는데 거절했더니
쳐들어왔어.

병자호란
발발

1636

인조가 청나라 태종에게
항복한 사실을 기록한
비석이야.

청

병자호란

조선

1627

정묘호란
발발

조선이 명나라 편을 들고
후금을 멀리하자 후금이
군사를 이끌고 쳐들어왔어.

1637

삼전도의
굴욕

○━ 키워드

중립 외교

中	가운데	중
立	설	립
外	바깥	외
交	사귈	교

한 나라에 치우치지 않고 각 나라에 같은 중요도를 두는 외교 이다.

인조: 광해군을 내쫓고 왕이 되었다. 그는 왕이 되자마자 광해군과 정반대의 정책을 펼쳤고, 그 결과 병자호란을 겪었다.

★ 참고 자료

북쪽의 오랑캐로 여겨졌던 여진족이 힘을 키워 후금이라는 나라를 세우고, 중국 대륙을 정복하기 위해 명나라를 위협했다. 이에 명나라는 임진왜란 때 도운 은혜를 갚으라며 조선에게 군대 파병을 요청했다.

인조는 간밤에 한잠도 못 잤어요. 남한산성에 불어오는 겨울 바람은 칼날처럼 날카로웠고, 성 안에는 적막만이 감돌았어요. 인조는 괴로움을 곱씹으며 지난날을 돌이켜 보았어요.

'**광해군**의 선택이 진정 옳았던 것일까? 이제 내가 할 수 있는 일이라곤 항복하거나, 이곳에서 죽는 것 뿐이로구나!'

1623년, 인조는 광해군을 내쫓고 조선의 왕이 되었어요. 광해군이라면 임진왜란 때 전쟁터를 누비며 백성들을 돌보았던 용감한 왕자잖아요? 그런데 어쩌다가 왕의 자리에서 쫓겨나게 되었을까요? 그건 당시의 국제 정세와 관련이 있어요.

광해군이 전쟁으로 폐허가 된 나라를 살리기 위해 노력하고 있을 때, 중국에서는 여진족이 세운 '후금'이 힘을 키워 명나라를 위협하고 있었어요. 얼마 뒤, 후금이 명나라를 공격하려 하자, 명나라가 조선에 구원병을 요청했지요. 하지만 함부로 명나라 편에 섰다가 후금이 조선을 공격하면 큰일이잖아요. 임진왜란 때 전쟁의 끔찍함을 몸소 겪은 광해군은 조선이 또다시 전쟁에 휩쓸리는 것을 원하지 않았어요. 광해군은 깊은 고민 끝에 **중립 외교**라는 기가 막힌 방법을 생각해 냈어요.

명나라 편도, 후금 편도 들지 않기로 한 거예요. 광해군은 강홍립 장군에게 군사 1만 명을 주어 보내면서 이렇게 얘기했지요.

"싸우는 척 하다가 후금에게 항복하시오. 그리고 우리가 명나라의 강요에 못 이겨 어쩔 수 없이 군사를 보낸 것일 뿐, 후금과 싸울 생각이 전혀 없다는 뜻을 전해 주시오."

광해군의 지혜로운 전략 덕분에 조선은 전쟁을 피할 수 있게 되었지요. 그런데 이 사실을 알게 된 조정의 대신들이 반대하는 게 아니겠어요?

"임진왜란 때 조선을 도운 명나라의 은혜를 잊는다면, 우리도 오랑캐와 다를 게 없습니다. 명나라를 돕는 척만 하다니, 이것은 명나라에 대한 배신 행위입니다."

그러더니 급기야 조선의 신하들은 광해군을 왕의 자리에서 쫓아내고 인조를 왕으로 세웠어요(인조반정).

인조는 왕이 되자마자, 무조건 명나라를 돕겠다고 선언했지요.

"이제 조선은 후금을 멀리하고, 명나라를 도울 것이다(**친명배금**)."

친명배금

親 친할 **친**

明 밝을 **명**

排 물리칠 **배**

金 쇠 **금**

명나라와 친하게 지내고, 후금을 물리쳐 멀리하겠다는 정책. 인조는 왕이 되자마자 광해군의 중립 외교 정책을 버리고 친명배금 정책을 실시했다.

★ 참고자료

강홍립 장군은 광해군의 명령대로 후금과 싸우는 척 하다가 바로 항복하여 조선이 후금의 적이 아님을 분명히 했다.

정묘호란

丁 넷째 천간 **정**

卯 넷째 지지 **묘**

胡 오랑캐 **호**

亂 어지러울 **란**

1627년(정묘년)에 후금이 조선을 침략한 사건. 후금은 조선에 형제 관계를 요구했다.

속수무책: 손을 묶인 것처럼 어찌할 방법 없이 꼼짝 못하게 된다는 뜻이다.

인조는 광해군이 틀렸다는 것을 증명하려는 듯, 명나라 편을 들고 후금을 멀리했어요. 그동안 후금은 명나라를 넘어서는 군사 강국으로 성장해 있었어요. 후금은 명나라를 정복하기 전에 조선이 명나라를 돕는 것을 막아야겠다고 생각했어요.

1627년, 후금은 3만 명의 군사를 이끌고 조선에 쳐들어왔어요. 이 전쟁을 **정묘호란**이라고 해요. 압록강을 건너 내려오는 후금에게 조선은 **속수무책**으로 무너졌어요. 인조와 신하들은 한성을 버리고 강화도로 들어갔어요.

명나라 정복이 급했던 후금은 조선과 형제 관계를 맺고 전쟁을 끝내자고 제안했어요. 물론 형은 후금이고 동생은 조선이었지요.

이 굴욕적인 제안을 인조가 받아들였냐고요? 후금과 싸우고 싶은 마음이야 굴뚝 같았겠지만, 조선은 후금에 맞설 힘이 없었기 때문에 받아들일 수밖에 없었어요.

형제 관계를 약속했지만 조선은 여전히 명나라와 가까이 지냈고, 후금과는 거리를 두며 지냈어요. 후금이 이를 모를 수 없겠죠?

"청나라가 또 쳐들어왔다고? 어서 빨리 도망가자!"

1636년 12월, 청나라가 4만여 대군을 거느리고 조선을 또다시 침략했어요. **병자호란**이 시작된 거예요. 청나라가 왜 또 쳐들어온 거냐고요?

중국 대륙의 최강자로 우뚝 선 후금이 나라 이름을 '청'으로 고치고 조선에게 **군신 관계**를 요구했는데, 인조가 이를 거절했거든요.

조선은 후금을 형으로 모시는 것도 분하고 억울했는데, 후금이 청나라로 이름을 바꾸고 나서 조선에게 신하가 되

병자호란

丙	셋째 천간 **병**
子	첫째 지지 **자**
胡	오랑캐 **호**
亂	어지러울 **란**

1636년(병자년)에 일어난 호란. 청나라로 이름을 바꾼 후금은 조선에 군신 관계를 요구했다.

군신 관계: 임금과 신하의 관계를 말한다.

라고 하는 건 말도 안 되는 일이었으니까요. 하지만 대책도 없이 청나라의 요구를 거절한 조선은 또다시 전쟁에 휩쓸리게 되었어요.

청나라 군대는 얼어붙은 압록강을 단숨에 건너 6일만에 한성을 점령했어요. 인조는 서둘러 왕자들을 강화도로 피신시켰어요. 이후 인조도 강화도로 들어가려 했지만, 청나라가 강화도로 가는 길을 막아버린 바람에 **남한산성**으로 도망갔어요. 하지만 아무런 준비도 하지 않았기 때문에 성안에는 군사도, 식량도 넉넉하지 않았어요. 청나라 군대는 남한산성을 겹겹이 에워쌌어요. 조선의 왕은 독 안에 든 쥐의 신세가 되었지요.

★ 참고 자료

김상헌: 조선 시대 문신으로 병자호란 때 청나라와 끝까지 맞서 싸울 것을 주장한 인물이다. 청나라와 화친하는 것을 반대하던 대표적인 신하이다.

최명길: 병자호란 때 국가와 백성을 구하기 위해 청나라와의 전쟁을 피하고 화해하거나 평화롭게 지내자고 주장하였다.

"성안에 먹을 것이 얼마나 남아 있느냐?"

남한산성에 갇힌 인조가 근심 가득한 목소리로 물었어요.

"50일 정도 먹을 식량밖에 없습니다 성 밖에 청나라 군사들이 버티고 있어 밖에서 식량을 구할 수도 없습니다."

청나라 군사들은 별다른 공격도 없이 성을 에워싼 채 성안 사람들이 굶주림과 추위에 지쳐 성 밖으로 나오기만을 기다렸어요. 한겨울의 거센 눈보라와 매서운 추위는 성안의 군사와 백성들을 더욱 힘겹게 만들었어요. 그런데 이게 웬일일까요? 조선의 신하들은 성안에서도 두 편으로 나뉘어 입씨름을 벌이고 있었어요.

"오랑캐에게 항복하는 것은 있을 수 없는 일입니다. 끝까지 싸워야합니다."

"지금은 상황이 좋지 않으니, 잠시 물러나 있다가 힘을 길러서 기회를 보아 청나라를 물리쳐야 합니다."

싸울 군사도 없고, 백성을 먹일 식량도 없으면서 청나라 군사와 싸우겠다는 건 무슨 배짱일까요? 양쪽의 의견이 팽팽하여 그것을 듣고 있는 인조의 마음은 더욱 괴로웠어요.

끝까지 싸워야 합니다.

김상헌

일단 싸움을 멈추고 청나라와 협상해야 합니다.

최명길

시간이 흐르면서 극심한 추위와 식량난으로 성안에서는 얼어 죽고 굶어 죽는 사람들이 늘어났어요. 이제 성안에는 백성들은 물론, 임금조차 먹을 음식이 남아 있지 않았어요.

불행은 연이어 찾아왔어요. 강화도가 함락되고 그곳에 피란 가 있던 왕족과 관리들이 청나라의 포로가 되었다는 소식이 들려왔어요. 이제 인조도 싸우다 죽거나 항복하는 길밖에 남지 않았다는 것을 알았어요.

'이제 선택의 여지가 없구나. 천년 만년 갈 줄 알았던 명나라도 무너져 가고 있고, 나 또한 항복하지 않으면 죽어야 한다.'

깊은 고민 끝에 인조는 청나라에게 항복하기로 결심했어요.

1637년 1월, 추운 겨울날 아침, 인조는 청나라 황제에게 항복을 하기 위해 47일만에 남한산성을 나왔어요. 인조는 죄인임을 드러내기 위해 **곤룡포** 대신 하급 관리 옷인 남색 옷을 입고, 정문이 아닌 서문을 거쳐 성을 나왔어요.

곤룡포: 임금이 입는 옷으로 누런빛이나 붉은빛의 비단으로 지었으며 가슴과 등, 어깨에 용 무늬를 수놓았다.

삼배구고두

三	석	삼
排	엎드릴	배
九	아홉	구
叩	두드릴	고
頭	머리	두

세 번 절하고 그때마다 세 번씩. 모두 아홉 번 머리를 조아려 절하는 방식. 이것은 여진족의 오래된 풍습으로, "우리가 졌습니다. 이제부터 충성을 맹세하겠습니다."라는 뜻을 지닌 의례라고 한다.

'오늘은 조선 역사에서 가장 치욕적인 날이 되겠구나. 오랑캐에게 무릎 꿇고 목숨을 구걸하는 내 처지가 처량하구나.'

인조의 마음은 처참하게 무너져 내렸어요.

청나라 군대가 진을 치고 있는 송파 삼전 나루에 이르니, 청나라 황제가 높은 단 위에 거만한 자세로 앉아서 인조를 기다리고 있었어요.

인조는 말에서 내려 청 황제가 있는 단을 향해 걸어갔어요. 그리고 청 황제 앞에서 세 번 절하고, 이마를 땅에 대기를 아홉 번이나 했어요 (**삼배구고두**). 이 장면을 보고 있던 신하와 백성들은 마음 속으로 피눈물을 흘렸지요. 이 장면을 역사에서는 '**삼전도의 굴욕**'이라고 불러요.

이후 청나라는 병자호란의 승리를 기념하기 위해 조선에 삼전도비를 남겼어요.

조선의 항복을 받은 청나라는 조선이 신하의 나라임을 분명하게 한 뒤, 인조의 아들인 소현 세자와 봉림 대군을 인질로 삼아 청나라로 끌고 갔어요. 왕자뿐만 아니라 수많은 신하와 백성들도 포로로 데려 갔지요. 이렇게 끌려간 조선 백성들은 청나라의 노예 시장으로 팔려 갔어요. 치욕적인 항복을 하고 궁궐로 돌아온 인조는 과연 어떤 생각을 했을까요?

◑ 서울 삼전도비(서울 송파)

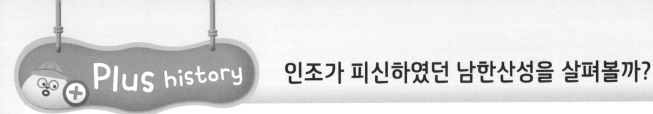

Plus history

인조가 피신하였던 남한산성을 살펴볼까?

병자호란이 일어났을 때, 인조는 남한산성으로 피신했어. 남한산성 주변은 험한 산으로 둘러싸여 있어 외적을 방어하는 데 유리했기 때문이야. 하지만 외부와 연락하기가 어려워 적에게 포위되면 완전히 고립될 수밖에 없었어. 병자호란 때 인조는 청나라 군대에게 둘러싸여 남한산성 안에서 꼼짝없이 갇혀 있었어.

◑ 남한산성 전경

수어장대

적의 움직임을 살피고 군사를 지휘하던 곳으로, 병자호란 때 이곳에서 군사를 지휘했어.

남문

남한산성 4대문 중 가장 크고 웅장한 중심문으로 병자호란 당시 인조가 남한산성에 들어갈 때 이용했어.

서문

병자호란 때 인조가 청나라에 항복하기 위하여 성을 나설 때 이용했던 문이야.

history Point

1 다음 자료를 보고 빈칸에 들어갈 전쟁 이름을 써 보세요.

전쟁 이름 짓는 방법:

전쟁이 일어난 해 + 외적(나라) + 어지러울 란(亂)

예 임진년(1592년) + 왜(일본) + 란 = 임진왜란

정묘년(1627년) + 호(후금) + 란 = ☐

병자년(1636년) + 호(청) + 란 = ☐

2 친구들의 이야기를 듣고, 알맞은 말에 ○표 해 보세요.

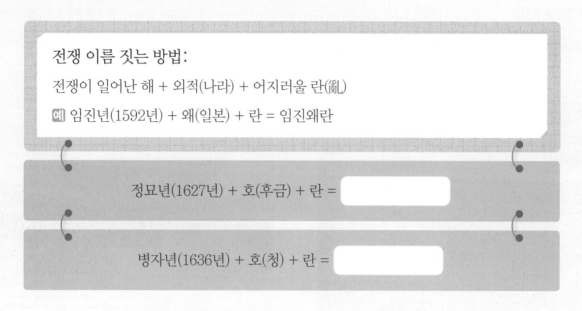

◎ 남한산성 전경

 여기는 (정묘호란 , 병자호란)과 관련이 깊은 곳이야.

 (광해군 , 인조)이/가 청나라에 맞서 싸운 곳이야.

 이곳을 나와 임금이 (삼전도 , 강화도)에서 항복했어.

 이곳은 험한 산으로 둘러싸여 외적을 방어하는 데 (유리했어 , 불리했어).

3 다음 빈칸에 알맞은 말을 쓰고, 병자호란이 일어난 시간 순서대로 번호를 나열해 주세요.

❶ 조선의 신하들은 광해군을 왕의 자리에서 내쫓고, 인조를 새로운 왕으로 세웠어요. 인조는 왕이 되자마자, 후금을 멀리하고 [   ]을/를 돕겠다고 했어요.

❷ 후금이 나라 이름을 [   ](으)로 바꾸고, 조선에 군신 관계를 요구했어요. 하지만 조선은 이를 거절했고, 청나라가 10만 군사를 이끌고 조선을 침략했어요.

❸ 조선이 명나라 편에 서자, 후금이 조선을 쳐들어왔어요. 하지만 후금을 물리칠 힘이 없었던 조선은 후금과 [   ] 관계를 맺기로 했어요.

❹ 인조는 남한산성으로 도망갔지만, 청나라 군대에 에워싸여 추위와 굶주림 속에 갇혀 있어야 했지요. 결국 인조는 [   ]에서 청나라 황제에게 항복했어요.

1 광해군이 고민 끝에 기발한 외교 정책을 생각해 냈어요. 자료를 보고, 알맞은 말을 써 보세요.

❶ 이와 같은 외교 정책을 무엇이라고 하나요? (   )

❷ 광해군이 이러한 외교 정책을 펼친 까닭은 무엇일까요?

----

2 만약 내가 병자호란이 일어나기 전 조선의 왕이었다면 어떤 입장을 가지고 외교 정책을 펼쳤을지 상상해서 써 보세요.

tip 광해군과 인조의 정책을 선택해 보거나 새로운 정책으로는 무엇이 있을지 생각해 볼까?

1 광해군처럼 명나라와 후금 사이에서 중립 외교 정책을 펼쳤다면?

2 인조처럼 명나라와 친하게 지내고 후금을 멀리하는 정책을 펼쳤다면?

3 또 어떤 정책이 있을까?

3 남한산성으로 도망간 인조에게 신하들이 자신의 의견을 주장하고 있어요. 내가 신하라면 어떤 의견을 내세울지 정하고, 그 까닭을 들어 상소문을 써 보세요.

tip 상소문이란 신하가 임금에게 올리는 글을 의미해.

전하, 소인 ○○○ 아뢰옵니다.

_____

_____

_____

_____

_____

4 병자호란과 관련된 내용이 뉴스에 나오고 있어요. ❶~❸ 중 알맞지 <u>않은</u> 내용을 골라 ○표 하고 알맞게 고쳐 보세요.

tip 병자호란이 일어나기 전 청나라가 조선에 요구한 관계는?

조선의 왕인 인조가 청나라 황제에게 세 번 절하고 아홉 번 머리를 조아리는 '삼배구고두'라는 의식을 갖고 치욕적인 항복을 했습니다.

❶ 삼전도의 굴욕으로 병자호란은 끝이 났어요. (   )

❷ 인조의 항복으로 조선은 청나라와 형제 관계를 유지할 수 있었어요. (   )

❸ 인조의 삼배구고두 이후 조선의 왕자들이 청나라에 인질로 끌려갔어요.
(   )

고쳐 쓰기

7 수원 화성, 정조의 꿈을 품다

비석에는 편을 나누어 싸우지 말라는 내용이 담겨 있어.

탕평비 건립
1742

○ 규장각

사도 세자의 묘 이전
1789

정조는 아버지 사도 세자의 묘를 수원으로 옮겼어.

1776
정조 즉위, 규장각 설치

규장각은 왕실의 도서관이자, 정책 연구 기관이었어.

정조는 왕의 힘을 키우기 위해 장용영이라는 군대를 만들었어.

1793
장용영 설치

수원 화성은
정약용이 만든 거중기와
녹로를 이용해 만들었어.

**수원 화성
건설 시작**

1794

ⓞ 거중기

ⓞ 녹로

수원 화성
완성

1796

1795

정조의 화성 행차

1800

정조의 죽음

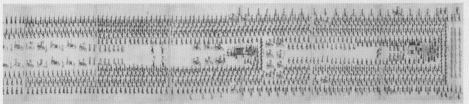

ⓞ 정조 화성 행차

🔑 키워드

탕평책

蕩	쓸어버릴 **탕**
平	평평할 **평**
策	명령 **책**

조선 후기 영조와 정조가 붕당의 다툼을 해결하기 위해 당파 간의 정치 세력에 균형을 꾀한 정책이다. 정조는 영조보다 더욱 적극적으로 탕평책을 실시해 신분이나 붕당과 상관없이 능력 있는 인재를 등용하였다.

정조: 조선 제22대 왕이자 영조의 손자로, 할아버지와 함께 조선 후기 전성기를 이끌었다.

흑흑. 할아버지, 아버지(사도 세자)를 살려 주세요.

정조

영조

임금이 또 밤을 샌 모양이군. 저러다 건강이 나빠지면 어쩌나.

그나저나 내가 누구냐고? 난 하늘에 떠 있는 달이야.

사람들은 내가 낮에 안 보이니까 없다고 생각하는데, 나는 낮에도 밤에도 하늘에 떠 있지. 주변이 너무 환해서 안 보일 뿐이야.

나는 조선의 임금인 **정조**가 참 마음에 들어. 정조가 밤마다 나를 올려다보며 하는 말이 있는데, 그 말을 듣고 감동했거든.

"하늘의 달이 온 세상 물을 골고루 비추듯, 나도 백성들을 하나하나 잘 보살피는 왕이 되고 싶구나."

사실 정조는 어렸을 때 끔찍한 일을 겪었어.

할아버지인 영조가 **탕평책**을 실시했지만, 신하들은 노론과 소론으로 나뉘어 다툼을 멈추지 않았거든. 그때 노론의 모함으로 정조의 아버지였던 사도 세자가 뒤주에 갇혀 죽었어.

정조가 울면서 할아버지에게 아버지를 살려 달라고 애원하는데, 내 마음이 찢어질 듯 아팠어. 다행히 정조는 그 끔찍한 일을 겪고도 뛰어난 학문과 무예 실력을 갖춰 훌륭하게 자랐고, 조선의 왕이 되었어.

"나는 사도 세자의 아들이다."

정조가 임금이 되자마자 신하들을 모아 놓고 한 말이야. 이 말을 듣자마자 노론 신하들의 얼굴이 새파랗게 질렸지. 자신들이 사도 세자를 죽게 만들었으니 얼마나 무서웠겠어?

노론은 정조를 죽이려고 툭하면 궁궐에 자객을 보냈어. 그 바람에 임금은 제대로 잠도 잘 수 없었지. 하지만 정조는 결코 겁먹거나 물러서지 않았어.

'**붕당** 싸움에 휘둘리지 않으려면 강력한 왕권과 인재가 필요해.'

정조는 **규장각**을 세워 신분과 붕당을 가리지 않고 능력 있는 인재를 모았어. 이때 규장각의 **초계 문신**으로 등용된 대표적인 학자가 바로 **정약용**이야. 정약용은 조선 최고의 천재였어. 문학, 과학, 수학, 예술 등 모든 분야에서 뛰어난 인재였지.

또한 정조는 **장용영**라는 왕의 군대를 만들어 직접 군사 훈련을 지휘했어. 왕에게 충성하는 신하들과 왕의 군대까지 갖추었으니, 정조의 힘이 강력해졌겠지?

초계 문신		
抄	베낄	**초**
啓	열	**계**
文	글월	**문**
臣	신하	**신**

37세 이하의 관리 중 재능 있는 사람을 뽑아 규장각에서 연구에만 집중하게 한 관리이다.

붕당: 학문이나 정치적으로 생각을 같이하는 사람들의 정치 집단이다.

정조는 즉위하고 몇 년 후 화성을 건설하겠다고 발표했어.

"수원에 성을 쌓고 새로운 도시를 만들 것이다."

정조의 갑작스러운 발표에 노론 신하들이 거세게 반발했어.

"전하, 성을 쌓는 데 얼마나 많은 돈이 드는지 아십니까? 또한 성을 쌓느라 백성들을 고생시키면 원망이 하늘을 찌를 겁니다."

◉ **규장각**(서울 종로): 정조의 지원 아래 뛰어난 인재들이 모여들었다. 정조는 규장각의 학자들을 주요 관직에 등용해 그들과 함께 나랏일을 의논하면서 정조 개혁 정치의 중심이 되었다.

착수: 어떤 일을 시작하는 것을 말한다.

채제공: 정조 때 재상으로, 수원 화성 건설 등 정조의 개혁 정치를 도왔다.

수원 화성 건설을 반대하는 이들이 많았지만 정조는 물러서지 않았어. 정조는 한성을 잠시 벗어나 백성을 위한 정치를 펼치고 싶어 했어. 몇 년 전에 아버지 사도 세자의 무덤도 수원으로 옮겼거든. 그때도 노론의 반대에 부딪혔지만 물리쳤지.

1794년 1월, 정조는 드디어 수원 화성 건설에 **착수**했어. 공사의 총책임은 가장 믿음직스러운 재상인 **채제공**에게 맡기고, 설계는 정약용에게 맡겼지.

이렇게 큰 공사에 백성들을 동원하면 불만과 원망이 클 텐데 화성 건설에서는 그러한 모습을 볼 수 없었어.

"임금님이 백성에게 돈을 주고 일을 시키시다니! 열심히 일할 걸세."

"**거중기**와 **녹로** 같은 기구 덕분에 일하는 것도 한결 수월해졌어. 적은 힘으로 무거운 돌들을 번쩍번쩍 들어 올리는 거 있지? 덕분에 공사 기간이 줄었어. 기구를 만든 정약용은 대단한 인물이야. 임금님은 인재도 딱 알아본다니까."

○ **거중기**: 도르래의 원리를 이용해 무거운 물건을 들어 올리는 장치이다.

○ **녹로**: 도르래의 원리를 이용해 물건을 높은 곳이나 먼 곳으로 옮기는 장치이다.

"그러게 말일세. 그리고 임금님이 더운 날에는 더위를 쫓는 약을 주시고, 겨울에는 털

모자도 나누어 주셨잖아. 또한 일하다가 다치면 무료로 치료도 해 주니 걱정할 게 없어.

이 모두가 임금님 덕분이야."

"수원의 백성들을 잘 살게 하려고 시장과 저수지도 만든다지?"

백성들이 정조를 칭찬하느라 입에 침이 마르지 않았어. 완성되어 가는 수원 화성의 모

습은 또 얼마나 아름다운지. 어느 신하는 성이 쓸데없이 아름답다고 투덜거렸는데, 정조

가 한 마디로 코를 납작하게 만들었지.

"아름다운 것은 적에게 두려움을 준다!"

회갑: 61살로 환갑이라고
도 한다.

유생: 유학을 공부하는
선비를 말한다.

★ 참고 자료

정조의 아버지인 사도
세자와 어머니인 혜경궁
홍씨는 동갑이다. 정조는
아버지와 어머니의 회갑
잔치를 성대하게 치름으
로써, 아버지의 한을 풀
어 준 것이다.

1795년 봄, 정조는 8일간의 화려하고 성대한 화성 행차를 계획했어. 이번 행차를 통해 사도 세자의 무덤이 있는 화성에서 어머니의 **회갑** 잔치를 열어 아버지(사도 세자)의 한을 풀어 주려고 했어. 왕의 위엄을 한껏 드러내, 자신이 펼쳐 나갈 개혁 정치를 백성들에게 알리고자 한 거야.

화성 행차는 규모가 정말 어마어마했어. 왕을 수행하는 인원만 1800여 명이었고, 말은 779필이나 되었지. 왕의 행차를 보기 위해 백성들이 구름처럼 몰려 들었어.

"백성들이 마음껏 구경할 수 있도록 백성들을 막지 말거라."

★ 참고 자료

대대적인 화성 행차가
있던 1795년은 정조가
왕이 된 지 20년이 되는
해였다. 정조는 이번 행
차를 통해서 그동안 이
룩한 자신의 업적을 신
하와 백성들에게 보여
주고, 앞으로 펼쳐 나갈
개혁 정치의 방향을 알
리고자 했다.

정조는 왕의 위엄을 드러내는 여러 가지 행사를 연달아 열었어.

화성 근처에 사는 **유생**들과 무사들을 위해 과거 시험을 시행하였고, 낮과 밤에 걸쳐 두 번이나 대규모 군사 훈련을 벌였지. 5천 명의 군사들이 신무기로 무술을 선보이며 군사를 지휘하는 왕에게 충성을 맹세할 때 정조의 모습은 크고 위대해 보였어.

곧이어 수원 화성 행궁에서 어머니 혜경궁 홍씨의 회갑 잔치가 성대하게 벌어졌어. 정조는 잔치에 노인들을 초대해 맛있는 음식을 대

○ 정조 화성 행차(국립 중앙 박물관)

격쟁

擊	칠	격
錚	쇳소리	쟁

조선 시대에 억울한 일을 당한 사람이 임금이 행차하던 길가에서 징이나 꽹과리를 쳐서 임금에게 하소연하던 제도이다. 정조는 조선의 임금 중 가장 많이 궁궐 밖으로 나가 백성들을 만나고 억울한 일을 해결해 주었다.

접하고, 큰돈을 풀어 수원 백성들 중 홀아비, 과부, 자식 없는 노인, 가난한 백성들에게 쌀과 소금을 나누어 주었어.

이러니 백성들이 감동하지 않을 수 있겠어? 온 나라의 신하와 백성들은 나라의 평안과 임금의 복을 빌었어.

"임금님, 저의 억울한 사정 좀 들어 주세요."

어떤 백성이 징과 꽹과리를 울려대며 왕의 행차를 막아서네. 그런데 임금은 행차를 멈추고 백성들을 일일이 만나 주는 거 있지? 정조는 그 전에도 궁궐 밖을 나와 백성들의 억울한 사정을 듣고, 문제를 해결해 주었어. 양반들이야 상소를 올려 자신들의 불만을 해결할 수 있지만, 백성들은 **격쟁**이 아니면 하소연할 방법이 없잖아.

임금님! 저의 억울함을 풀어 주소서.

보고: 일의 내용이나 결과를 말이나 글로 알리는 것을 말한다.

휘영청: 달빛이 밝은 모양을 말한다.

시간이 흘러 1796년, 드디어 수원 화성이 완성되었어.

정조가 수원 화성의 완공 소식을 듣고 기뻐하며 말했어.

"공사 기간이 10년은 걸릴 줄 알았는데, 벌써 완성되었는가?"

"공사 기간과 비용을 줄인 정약용의 공이 큽니다."

채제공이 웃으며 정조에게 **보고**를 했어.

완성된 수원 화성은 자연과 조화를 이루어 정말 아름다웠지. 아름다움에 감동한 내가 **휘영청** 밝은 달빛을 비추니, 수원 화성은 더욱 눈부시게 빛나더라. 정조가 진지한 표정이 되어 작은 목소리로 말하는 것을 나는 놓치지 않았지.

"수원 화성에서 내 꿈을 펼칠 것이다. 이곳은 백성을 위한 개혁 정치의 중심이 될 것이다."

수원 화성은 1997년 유네스코 세계 문화유산으로 등재되었어.

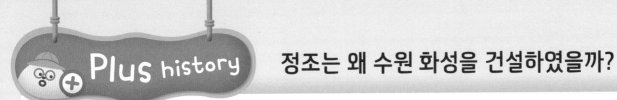

정조는 왜 수원 화성을 건설하였을까?

정조는 자나 깨나 백성을 걱정하였고, 틈만 나면 백성들을 만나 고민을 해결해 주었대. 정조는 수원 화성을 건설해 이곳을 정치, 경제, 군사의 중심지로 삼아 정치를 펼쳐 나가려고 굳게 다짐했어. 임금이 백성들을 위해 쉬지 않고 일하자, 조선의 백성들은 매일매일 행복해졌어.

서북공심돈

적군을 감시하기 위해 높은 곳에 설치되어 있어.

장안문

수원 화성의 정문으로, 출입문인 동시에 치밀하게 설계된 군사 시설이야.

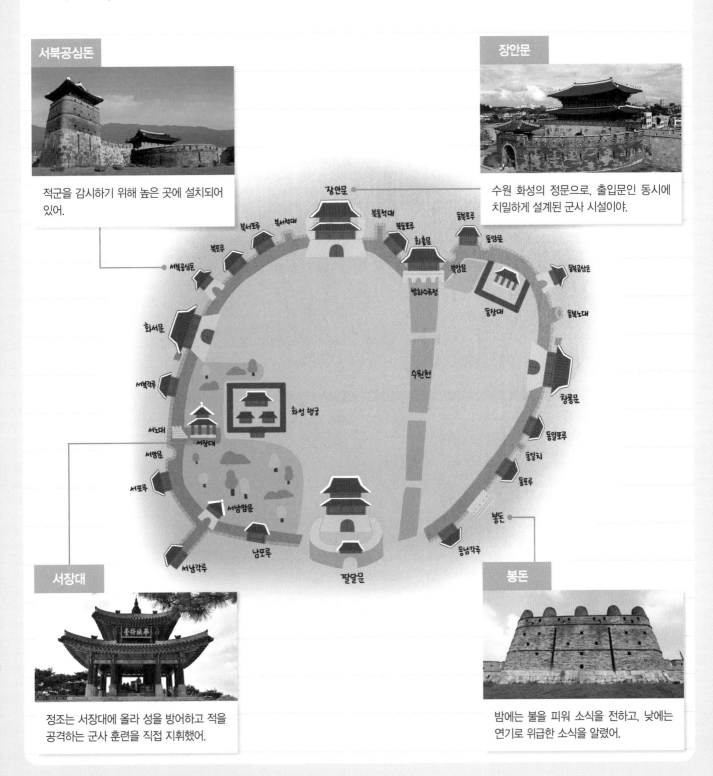

서장대

정조는 서장대에 올라 성을 방어하고 적을 공격하는 군사 훈련을 직접 지휘했어.

봉돈

밤에는 불을 피워 소식을 전하고, 낮에는 연기로 위급한 소식을 알렸어.

1 다음 물음에 알맞은 말을 찾아 써 보세요.

초계
문신   거중기   채제공   탕평책   사도
세자   혜경궁
홍씨

❶ 영조와 정조가 붕당 간의 싸움을 없애기 위해 마련한 정책은?

(   )

❷ 영조의 아들이자 정조의 아버지로, 뒤주에 갇혀 죽은 인물은?

(   )

❸ 도르래를 이용해 적은 힘으로도 무거운 돌을 들어 올릴 수 있도록 만든 기구는?

(   )

2 다음 단어들과 연관된 인물은 누구인지 써 보세요.

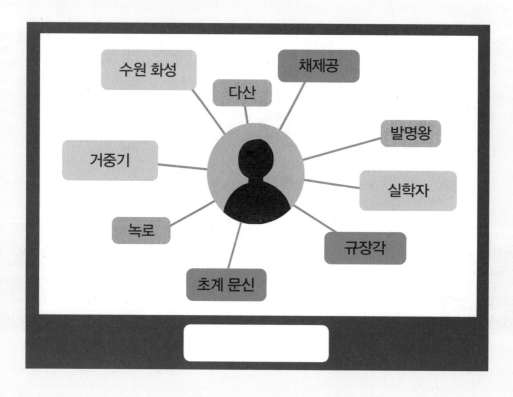

3 백성들이 수원 화성을 짓고 있어요. 빈칸에 들어갈 백성들의 알맞은 말을 써 보세요.

❶ 정약용이 만든 [   ] 덕분에 무거운 돌을 들어 올릴 수 있잖아.

❷ 물건을 높은 곳이나 먼 곳으로 옮기는 [   ]도 정약용이 만들었지.

❸ 화성을 지을 때 임금님께서 특별히 [   ]을/를 주고 일을 맡기셨으니 더욱 열심히 일할 거야.

❹ 여름에는 [   ]을/를 주시고, 겨울에는 [   ]도 주시니, 임금님이 백성들을 얼마나 사랑하는지 알겠어.

1 다음 설명과 관련된 사진을 연결한 후 초성자를 보고 단어를 완성해 보세요. 완성한 단어를 이용해 정조의 업적을 써 보세요.

정조는 왕의 호위를 담당하는 군대를 만든 후 왕권을 견고히 하고 개혁의 의지를 보여 주기 위해 수천 명의 군사를 이끌고 행차에 나섰다.

① •　• ㄱ

ㄱ ㅈ ㄱ

정조는 노론 신하들이 장악하고 있는 한성에서는 뜻대로 할 수 있는 것이 없었다. 그래서 수원에 성을 지어 개혁 정치의 중심지로 삼았다.

② •　• ㄴ

ㅎ ㅅ ㅎ ㅊ

정조는 신분과 당파를 가리지 않고 능력 있는 인재를 뽑아 학문을 연구하게 했다. 그리고 이들과 함께 나랏일을 의논하고 개혁 정치를 펼쳤다.

③ •　• ㄷ

ㅅ ㅇ ㅎ ㅅ

④ 정조는 _____

_____

2 정조는 화성 행차 기간에 어머니 혜경궁 홍씨의 회갑 잔치를 성대하게 열었어요. 수원 화성에서 어머니 회갑 잔치를 연 까닭은 무엇일지 써 보세요.

3 정조는 행차할 때 백성들의 억울한 사정을 듣고 문제를 해결해 주었어요. 백성들처럼 나도 억울하거나 속상한 일이 있다면 부모님과 선생님께 격쟁을 해 보세요.

tip 정조는 격쟁을 허용한 왕이야. 격쟁이란 억울한 사정이 있는 백성들이 징, 꽹과리를 울려 임금에게 호소하는 걸 말해.

4 수원 화성이 완공되어 정조는 꿈을 이루었어요. 정조는 왜 수원 화성을 만들었는지 키워드 를 이용하여 써 보세요.

키워드	왕권　사도 세자　묘　개혁　백성　강화

조선 1

8 서민들이 문화를 즐기다

5-2 2. 사회의 새로운 변화와 오늘날의 우리
① 새로운 사회를 향한 움직임

 이때는 말이야~

『홍길동전』은 현재까지 남아 있는 우리나라 한글 소설이야.

풍속화   ◎ 김홍도의 「서당」   ◎ 신윤복의 「단오풍정」

백성들의 모습을 실감 나게 그렸네!

한글 소설

◎ 허균의 『홍길동전』

민화

얼씨구 좋다!

탈놀이

판소리

북장단에 맞춰
노래로 이야기를
들으니 훨씬 재밌네.

어흥!
내가 귀신을
쫓아주겠어.

○ 「까치와 호랑이」

🔑 키워드

풍속화

風 바람 **풍**

俗 풍속 **속**

畫 그림 **화**

서민들의 생활 모습을 그린 그림으로 서민들의 생활을 재미있고 현실감 있게 표현하였다.

훈장: 서당에서 글을 가리치는 스승을 말한다.

상민: 옛날에 양반이 아닌 보통 백성들을 이르던 말이다.

김홍도: 조선 후기 대표적인 풍속 화가로 정조가 가장 아끼는 화가였다.

일상생활을 담은 풍속화

만복이가 **훈장**님께 회초리를 맞고 울고 있어요. **상민** 친구들은 만복이를 안쓰럽게 바라보고 있는데, 양반 친구들은 울고 있는 만복이를 보며 키득키득 웃고 있네요.

훈장님 왼쪽에 앉은 세 명 친구들이 상민이고, 오른쪽에 앉은 다섯 명 친구들이 양반이에요. 상민 친구들은 짧은 저고리 차림인데, 양반 친구들은 긴 도포를 입고 있잖아요. 그나저나 왜 상민과 양반이 같이 공부하냐고요? 농업과 상업이 발달하면서 경제적인 여유가 생긴 상민들이 자녀들을 서당에 보내게 되었어요. 만복이도 상민인데, 아버지가 담배 농사로 돈을 많이 벌었거든요.

⊙ 김홍도의 「서당」(국립 중앙 박물관)

"난 정말 공부하기 싫은데, 아버지는 나만 보면 맨날 공부 타령이야. 옛날에 상민은 농사짓느라 공부할 시간이 없었다는데, 모를 논에 옮겨 심는 모내기법 때문에 이 고생이라니까."

만복이가 투덜거리며 서당을 나오는데, 마당에서 **김홍도** 어르신이 그림을 그리고 있었어요. 김홍도는 조선에서 그림 잘 그리기로 유명한 분이에요.

◉ 김홍도의 「대장간」 (국립 중앙 박물관)

"훈장님께 혼나는 저를 그린 거예요? 정말 너무해요."

"허허, 미안하다. 하지만 나는 백성들의 모습을 실감 나게 그려 임금님께 보여 드려야 한단다. 임금님께서 백성들은 어떻게 생활하는지 궁금해하시거든. 나랑 같이 마을 한 바퀴 돌아 볼까? 내가 주막에서 국밥 한 그릇 사 주마."

국밥 사 준다는 소리에 만복이가 김홍도를 냉큼 따라 나섰어요.

마을로 들어서자, 대장간에서 쇳덩이를 내리치는 소리가 '땅! 땅!' 들려 왔어요. 농기구를 만들고 있는 것 같아요.

◉ 김홍도의 「담배 썰기」 (국립 중앙 박물관)

논에서는 농부들이 땅을 갈아엎고 있었어요. 반대편 밭에서는 잠깐 일손을 멈춘 농부들이 새참을 먹고 있었지요.

저 멀리 담뱃잎을 썰고 있는 만복이 아버지 모습도 보이네요.

"사람들의 모습에서 활기가 느껴지는구나."

"모내기법 덕분에 한해에 벼농사와 보리 농사도 지어 농작물을 많이 거둘 수 있게 되었잖아요. 그리고 논농사 후에 밭농사도 지어 목화나 담배, 고추, 약초, 인삼 같은 것을 재배해 시장에 내다 팔면서 돈도 벌게 되니까 모두들 기분이 좋은가 봐요."

◉ 김홍도의 「논갈이」 (국립 중앙 박물관)

공명첩

空 빌 **공**
名 이름 **명**
帖 문서 **첩**

성명을 적지 않은 백지 임명장으로, 실제 벼슬이 아닌 명목상으로만 벼슬을 주었다. 공명첩을 사서 양반이 된 사람이 많아지면서 양반의 권위가 떨어졌다. 그렇게 되자 백성들은 내심 양반을 우습게 보게 되었다.

⊙ 김홍도의 「씨름」(국립 중앙 박물관)

⊙ 김홍도의 「주막」(국립 중앙 박물관)

"서민들이 삶의 여유가 생겨 예술과 문화도 즐기게 되었으니 얼마나 좋으냐. 그야말로 요즘 서민 문화의 전성기 아니냐."

이야기를 듣던 만복이가 어디론가 쪼르르 달려가요.

"어르신, 저기 씨름이 한 판 벌어지고 있어요."

"양반과 평민이 모두 땅바닥에 주저앉아 응원을 하고 있구나."

"아버지가 그러시는데, 우리도 돈만 내면 양반이 될 수 있대요."

"**공명첩**을 말하는 거구나. 요즘 돈 좀 있는 서민들이 너도나도 양반 신분을 사는 바람에 양반이 흔해졌지."

마을을 한참 돌아다니다 보니, 만복이는 배가 고팠어요. 김홍도는 약속대로 주막에서 만복이에게 맛있는 국밥을 사 주었어요.

서민들에게 인기가 많았던 한글 소설

김홍도와 만복이가 주막을 나와 마을 한 모퉁이를 돌았는데, 사람들이 모여 있었어요.

"심청이 공양미 삼백 석에 팔려 인당수에 몸을 던졌으니, 얼마나 가엾고 불쌍할까. 하지만 심청은 죽지 않았으니……."

목소리를 높였다가 낮추며 슬픔과 기쁨을 섞어 이야기를 이어가던 **전기수**가 갑자기 말을 뚝 끊는 게 아니겠어요?

뒷이야기가 궁금하던 사람들은 전기수에게 돈을 던져 주며 빨리 계속하라고 재촉했어요.

전기수의 이야기를 듣던 만복이가 고개를 갸우뚱하는 거예요.

"어? 제가 읽은 『심청전』이랑 내용이 달라요!"

"전기수들은 구경꾼들의 반응을 보면서 그 자리에서 이야기를 꾸미거나 바꾸기도 해. 그래서 같은 소설이라도 조금씩 다르단다."

"그렇군요. 요즘 한글 소설이 엄청 인기가 많대요. 특히 양반집 아씨들이나 돈 많은 집 딸들이 한글 소설을 열심히 읽는데요. 『홍길동전』, 『심청전』, 『흥부전』, 『춘향전』 같은 책들이요. 사람들이 전기수가 해 주는 이야기를 손꼽아 기다린다고 하고요."

"그래, 만복이 말이 맞다. 서민들은 한글 소설을 읽으면서 많은 위로를 받고 있지. 착한 심청과 흥부가 복을 받고, 기생의 딸인 춘향이 신분의 벽을 뛰어넘어 양반과 결혼에 성공하는 걸 보면서 기쁨과 통쾌함을 함께 느끼는 거지."

전기수

傳 전할 **전**
奇 기이할 **기**
叟 늙은이 **수**

조선 후기 소설을 전문적으로 읽어 주던 사람이다.

★ **참고 자료**

조선 후기에는 현실 사회를 비판하는 한글 소설이 널리 유행하였다. 『홍길동전』은 허균이 쓴 한글 소설로 신분 제도를 비판하고 부패한 정치를 개혁한다는 내용을 담고 있다.

◎ 『홍길동전』
(국립 중앙 박물관)

민화

民 백성 **민**

畵 그림 **화**

이름이 알려지지 않았던 작가가 그렸던 그림으로 조선 후기에 유행하였다. 해, 달, 동물 등 다양한 소재로 익살스럽고 소박하게 표현하였다.

서민들의 소망을 담은 민화

"오늘이 장날이었지? 그런데 저 아저씨들은 뭘 그리는 거지?"

시장은 사람들로 가득했는데, 이름 없는 화가들이 여기저기 돌아다니면서 사람들이 원하는 그림을 그려 주고 있었어요.

"여유가 생긴 서민들이 양반들만 즐기던 그림을 갖고 싶어 **민화**를 사서 벽에 걸어 둔다던데, 그걸 그리는 화가들이로구나."

"우리 집에도 있어요. 아버지가 호랑이는 나쁜 기운을 쫓아낸다고 해서 호랑이와 까치를 그린 그림을 방에 거셨어요."

"그래. 민화는 서민들의 바람을 담아 그린 그림이지."

◎ 「까치와 호랑이」

서민들의 감정을 표현한 탈놀이와 판소리

만복이와 김홍도는 여기저기 다니면서 구경하다가 사람들이 몰려 있는 곳으로 달려갔어요. 그곳에서는 한바탕 **탈놀이**가 벌어지고 있었는데, 사람들이 배꼽을 잡고 깔깔 웃고 있었어요.

"아, 이게 양반인지, **개다리소반**인지⋯⋯"

탈놀이: 탈을 쓰고 하는 연극이나 춤을 말하며 주로 명절에 공연하였다.

개다리소반: 상다리 모양이 개의 다리처럼 구부러진 작은 밥상을 말한다.

탈을 쓰고 춤을 추는 사람들이 양반의 잘못을 콕콕 꼬집으면서 웃음거리로 만드니, 서민들은 통쾌함을 느꼈던 거예요.

또 다른 한쪽에서는 **판소리** 한마당이 벌어지고 있었어요.

"슬근슬근 톱질이야. 박을 타서 바가지 쓰고, 속은 긁어 먹세."

소리꾼이 노래와 이야기를 이어 가면, **고수**가 북장단을 치며 '얼쑤' **추임새**를 놓았어요. 판소리는 아주 긴 이야기인데도 너무 재미있어서 시간이 순식간에 지나갔어요.

"만복아, 판소리가 그렇게 재미있더냐? 아주 넋을 놓고 보더구나. 하긴, 판소리가 어찌나 재미나던지 양반들도 제집으로 소리꾼을 불러들인다고 하더구나. 그나저나 한바탕 구경 잘했으니, 이제 그만 가자꾸나. 오늘 본 것을 빠짐없이 그려 임금님께 보여 드리려면 밤을 세워도 모자랄 듯 싶다."

만복이는 김홍도와 헤어진 집으로 돌아왔어요.

'김홍도 어르신이 오늘 보고 들었던 풍속화, 한글 소설, 민화, 탈놀이, 판소리가 서민 문화라고 했지? 거참 생각할수록 재미있단 말이야. 꾸밈없이 솔직하고, 잘못된 것을 꼬집으면서도 우울하거나 절망스럽지 않고 아주 유쾌하단 말이지.'

만복이는 서민으로 태어나 신바람 나는 서민 문화를 즐길 수 있다는 것이 마음에 들었어요.

판소리: 긴 이야기를 노래로 들려주는 공연이다.

고수: 판소리에서 소리꾼이 노래 부를 때 옆에서 북을 치며 장단을 맞추는 사람이다.

추임새: 판소리에서 고수가 흥을 돋우기 위해 넣는 소리이다.

★ **참고 자료**

판소리는 현재 「춘향가」, 「심청가」, 「흥보가」, 「수궁가」, 「적벽가」의 다섯 마당이 전해지고 있다.

얼쑤!

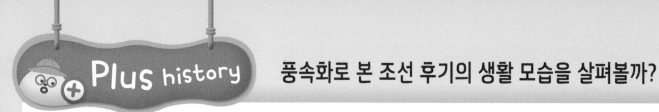

풍속화로 본 조선 후기의 생활 모습을 살펴볼까?

조선 후기에는 백성의 생활 모습을 생동감 있게 그린 풍속화가 유행했는데, 김홍도와 신윤복 그림에서 그 모습을 살펴볼 수 있어. 다양한 사람들의 생활 모습이 어떻게 실감 나게 표현되었는지 감상해 볼까?

김홍도 그림

고누 놀이

고누는 말밭을 그려 놓고 두 편으로 나누어 말을 많이 따는 놀이야.

자리 짜기

아버지는 자리를 짜고 어머니는 물레를 돌려 실을 뽑고, 아들은 글을 읽고 있어.

춤추는 아이

악기 장단에 맞춰 춤추는 아이의 움직임에 생동감이 느껴져. 악기 소리도 들리는 것 같아.

행상

옛날에는 상품을 가지고 돌아다니면서 팔았던 행상이 있었어.

신윤복 그림

월하정인

유교 사회에서 여성들은 제약이 많았어. 신윤복은 그림 속에서나마 조선의 여성을 자유롭게 해주고 싶었던 것 같아.

미인도

와! 살아있는 것처럼 생생하게 그렸어. 얼굴 표정, 머리 모양, 손동작, 옷매무새까지 정말 자세하게 그렸네!

단오풍정

단옷날 물가에서 목욕을 하고 그네를 타면서 놀고 있는 여인들의 모습이 즐거워 보여. 여인들의 모습을 몰래 훔쳐보고 있는 사람도 있어. 찾았어?

1 다음 설명에 알맞은 말을 써 보고 글자판에서 찾아 ◯로 묶어 주세요.

① 모를 논에 옮겨 심는 농사법으로, 1년에 두 번 농사를 지을 수 있다.

② 이름 쓰는 곳이 비어 있어서 실제 벼슬이 아 닌 명목상으로만 벼슬을 주던 임명장이다.

③ 조선 후기에 소설을 전문적으로 읽어 주던 사람을 가리키는 말이다.

모	전	기	수	홍
내	공	명	첩	길
기	김	홍	도	동
법	풍	속	화	가

2 조선 후기 풍속화가였던 신윤복의 그림으로 전시회를 열려고 해요. <u>잘못</u> 들어간 그림 을 모두 고르고, 누구의 그림인지 써 보세요.

그림 속 조선 여인이 살아 숨쉰다!

3 조선 후기 서민 문화의 발달을 보여 주는 문화유산을 주제로 문화유산 카드를 만들었
어요. 빈칸에 들어갈 알맞은 내용을 써 보세요.

	그림에는 나쁜 것을 내쫓고, 아들과 딸을 많이 낳고, 먹을거리 걱정 없이 행복하게 살고 싶은 서민들의 ⬚ 이/가 표현되어 있다. 까치, 호랑이, 소나무, 학 등 그림의 소재가 다양하였다.

	당시 사람들의 생활을 생동감 있게 표현하였다. ⬚ 은/는 서민의 일상을 소탈하고 익살스럽게 표현하였고, 신윤복은 양반과 여자의 모습을 해학적으로 표현하였다.

탈놀이와 판소리  	⬚ 에서는 광대들이 양반을 풍자하거나 신분 사회의 문제점을 꼬집었고, ⬚ 에서는 소리꾼이 재미있는 이야기를 노래로 들려주었다.

한글 소설 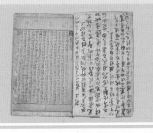	⬚ 을/를 익힌 사람들이 늘고, 전기수가 생겨나면서 한글 소설이 널리 보급되었다. 대표적으로 『홍길동전』, 『춘향전』 등이 있다.

1 다음은 김홍도의 대표적 풍속화인 「서당」이에요. 아이가 훈장님께 혼난 까닭을 상상해서 써 볼까요? 그리고 오늘날의 교실과 서당의 다른 점을 써 보세요.

tip 서당은 조선 시대의 초등학교로 오늘날 초등학교보다 규모가 작았고 유학을 공부했어.

❶ 아이가 훈장님께 혼난 까닭

❷ 오늘날의 교실과 서당의 다른 점

2 한글 소설 『흥부전』을 읽다 보면 착한 흥부가 복을 받고, 욕심 많은 놀부가 벌을 받는 장면에서 통쾌함을 느껴요. 그런데 정말 흥부는 착하고, 놀부는 못된 인물일까요? 여러분의 고정 관념을 깨고 상상해서 써 보세요.

 『흥부전』은 욕심 많은 형 놀부와 가난하지만 착한 동생 흥부의 이야기로 조선 시대에 지어진 한글 소설이야.

놀부

- 못되고 욕심이 많다.
- 부모의 재산을 혼자 가로채고 동생 흥부를 내쫓았다.
- 욕심을 부리다 벌을 받는다.

흥부

- 착하고 성실하다.
- 끼니를 못 때울 정도로 가난하지만 착하게 산다.
- 다친 제비를 고쳐 주고 복을 받는다.

❶ 고정 관념 깨기

❷ 고정 관념 깨기

3 민화는 서민들의 소망을 담아 그린 그림으로 집안에 걸어 놓았어요. 내 방에는 어떤 민화가 어울릴지 민화 한 점을 그려 보고, 어떤 소망을 담고 싶은지 써 볼까요?

까치와 호랑이	화조도	문자도

○ 까치는 좋은 소식을 전해 주고, 호랑이는 나쁜 기운을 물리쳐 주는 동물로 여겼다.

○ 꽃(花)과 새(鳥)가 함께 있는 그림으로, 화목한 부부가 되고 싶은 바람을 담았다.

○ 효(孝), 충(忠) 등 사람이 지켜야 할 도리와 관련된 문자를 그림으로 그렸다.

나의 소망은 --

----

4 조선 시대 서민들은 탈놀이를 통해 양반을 풍자하고 비판하면서 마음껏 웃을 수 있었어요. 다음 글을 읽고, 내가 탈을 쓴 놀이꾼이라 가정하고 양반을 비판해 보세요.

> 양반은 새벽 네 시만 되면 자리에서 일어나 촛불을 켜고 눈은 콧날 끝을 슬며시 내려다보고 무릎을 꿇고서 얼음 위에 표주박을 굴리듯이 술술 막힘 없이 내리외워야 한다. 배가 고파도 참아야 하며 추운 것도 견디어 내야 하며 입으로 가난하다는 말을 하지 말아야 한다. …… "도대체 양반이란 이런 것들뿐입니까? 제가 알기에는 양반은 신선과 같다고 하여 천 석이나 되는 양곡을 주고 산 것인데 썩 내키는 것이 없습니다. 좀 더 이롭게 고쳐 써 주시기 바랍니다." 그래서 군수는 증서를 다시 고쳐 쓰기로 했다. " …… 양반은 농사를 짓거나 장사를 하지 않아도 살 수가 있다. 또 조금만 공부를 하면 크게는 문과에 오르고 작아도 진사 벼슬은 할 수 있다. 가난한 선비가 되어서 시골에 가서 살아도 모든 것을 자기 뜻대로 할 수 있으니 이웃집 소가 있으면 자기 논이나 밭을 먼저 갈게 한다."
>
> – 박지원의 『양반전』 일부

★ 임진왜란 당시 이순신 장군이 일본군을 크게 물리치고 있는 한산도 대첩 상황이에요.
  전쟁 상황 속에 숨은 그림 열 군데를 찾아 ○표 하고, 그림에 색칠도 해 보세요.

바늘　주사위　종이비행기　버섯　알파벳 E　귀이개　하트　숫자 4　낚싯바늘　건전지

▶ 〈가이드북〉 14쪽에 답이 있어요.

출처

사진

▶ 길벗스쿨은 이 책에 실린 모든 글과 사진의 출처를 찾기 위해 최선의 노력을 기울였습니다.
저작권자를 찾지 못해 허락을 받지 못한 글과 사진은 저작권자가 확인되는 대로 통상의 사용료를 지불하겠습니다.

앗!

본책의 가이드북을 분실하셨나요?
길벗스쿨 홈페이지에 들어오시면
내려받으실 수 있습니다.

기적의
역사 논술

가이드북

3권

학부모 가이드 & 해답 활용법

history Point 문제의 경우에만 정답을 확인하시고 정오답을 체크해 주십시오.

Talk history 논술형 문제에 해당하는 모범 답안은 참고만 하셔도 됩니다.

역사적 사실을 서술하는 문제의 경우는 방향을 맞게 잡고 서술하고 있는지만 확인해 봐 주시고, 아이들의 다양한 생각 표현이 모범답과 다르다고 하여 틀렸다고 결론내지 마십시오. 문제를 해결하고 의사를 결정하는 데 있어 아이 나름대로 근거가 있고, 타당한 대답이라면 정답으로 인정합니다. 이치에 맞지 않은 답을 한 경우에만 수정하고 정정할 기회를 주시기 바랍니다. 탐구하는 과정에 집중해 주세요.

다소 엉뚱하지만 창의적이고,
기발하면서 논리적인 대답에는 폭풍 칭찬을 잊지 마세요!

부디 너그럽고 논리적인 역사 논술 가이드가 되길 희망합니다.

1 이성계, 조선을 건국하다

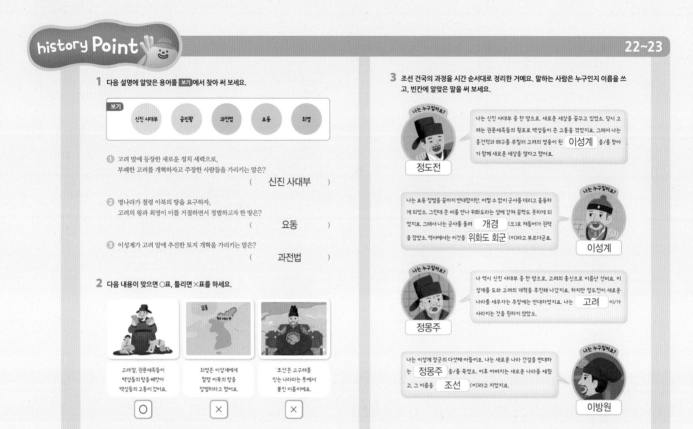

1 다음 설명에 알맞은 용어를 보기 에서 찾아 써 보세요.

보기: 신진 사대부 · 공민왕 · 과전법 · 요동 · 최영

① 고려 말에 등장한 새로운 정치 세력으로,
부패한 고려를 개혁하자고 주장한 사람들을 가리키는 말은?
(신진 사대부)

② 명나라가 철령 이북의 땅을 요구하자,
고려의 왕과 최영이 이를 거절하면서 정벌하고자 한 땅은?
(요동)

③ 이성계가 고려 말에 추진한 토지 개혁을 가리키는 말은?
(과전법)

2 다음 내용이 맞으면 ○표, 틀리면 ×표를 하세요.

고려 말, 권문세족들이
백성들의 땅을 빼앗아
백성들의 고통이 컸어요.
○

최영은 이성계에게
철령 이북의 땅을
정벌하라고 했어요.
×

조선은 고구려를
잇는 나라라는 뜻에서
붙인 이름이에요.
×

3 조선 건국의 과정을 시간 순서대로 정리한 거예요. 말하는 사람은 누구인지 이름을 쓰고, 빈칸에 알맞은 말을 써 보세요.

정도전: 나는 신진 사대부 중 한 명으로, 새로운 세상을 꿈꾸고 있었소. 당시 고려는 권문세족들의 횡포로 백성들이 큰 고통을 겪었지요. 그래서 나는 홍건적과 왜구를 무찔러 고려의 영웅이 된 **이성계** 을/를 찾아가 함께 새로운 세상을 열자고 했소.

이성계: 나는 요동 정벌을 끝까지 반대했지만, 어쩔 수 없이 군사를 데리고 출동하게 되었소. 그런데 큰 비를 만나 위화도라는 섬에 갇혀 꼼짝도 못하게 되었지요. 그래서 나는 군사를 돌려 **개경** (으)로 쳐들어가 권력을 잡았소. 역사에서는 이것을 **위화도 회군** (이)라고 부르더군요.

정몽주: 나 역시 신진 사대부 중 한 명으로, 고려의 충신으로 이름난 선비요. 이성계를 도와 고려의 개혁을 추진해 나갔지요. 하지만 정도전이 새로운 나라를 세우자는 주장에는 반대하였지요. 나는 **고려** 이/가 사라지는 것을 원하지 않았소.

이방원: 나는 이성계 장군의 다섯째 아들이오. 나는 새로운 나라 건설을 반대하는 **정몽주** 을/를 죽였소. 이후 아버지는 새로운 나라를 세웠고, 그 이름을 **조선** (이)라고 지었지요.

1 ① 예 백성들의 땅과 재산을 빼앗아 살기 힘들었다.
② 예 북쪽에서는 홍건적이, 남쪽에서는 왜구가 쳐들어와 ③ 이성계 ④ 정도전

2 ① 예 농사철에 백성들을 군사로 동원해서는 안 됩니다.
② 예 이성계는 요동 정벌 덕분에 5만 명이라는 군사를 지휘할 수 있었고, 이 힘으로 고려의 권력을 잡을 수 있었다. 만약 요동을 정벌하러 가지 않았다면 조선이라는 나라는 세워지지 못했을 것이다.

3 ① 예 부패한 고려 사회를 개혁하려고 했다. ② 예 고려라는 나라를 유지하면서 개혁하려고 했다.
③ 예 새 나라를 건설해서 고려의 문제를 해결하고자 했다.

4 예 비록 내가 고려의 신하이지만, 고려라는 나라는 다시 일어날 희망이 보이지 않으니 새 나라를 세우는 데 협조하겠습니다. / 나는 절대 고려를 버릴 수 없습니다. 목숨이 다하는 날까지 고려에 충성할 것입니다.

5 예 고려는 우리 민족의 힘으로 이루어낸 최초의 통일 국가이다. 고려 말 새로 등장한 신진 사대부와 신흥 무인 세력의 활약으로 외적을 물리치고 왕권은 더욱 강해져서 고려는 제2의 전성기를 맞이했을 것이다. / 그래도 고려는 망했을 것이다. 당시 왕권이 약했고, 권문세족들의 횡포와 외적의 침입을 받아 국력이 약했기 때문이다.

1 신진 사대부인 정도전은 고려 백성들의 고통스러운 삶을 보면서 세상을 바꾸겠다는 결심을 하였습니다. 정도전은 세상을 바꾸기 위해 막강한 군사력을 갖고 있으며, 홍건적과 왜구를 물리쳐 백성들로부터 존경을 받고 있는 이성계와 손을 잡았습니다.

2 이성계는 요동 정벌을 강력하게 반대하였지만, 고려의 왕과 최영의 명을 따를 수밖에 없었습니다. 하지만 요동 정벌은 이성계에게는 위기가 아닌 기회였습니다. 이성계는 요동 정벌 덕분에 5만 명의 군사를 동원할 수 있었고, 그 힘으로 개경으로 쳐들어가 권력을 장악하였습니다. 그 후 이성계는 조선이라는 새로운 나라를 세우게 되었습니다.

3 고려 말에 등장한 신진 사대부는 고려 사회를 개혁해서 백성들이 잘 사는 나라로 만들어야 한다는 생각에는 뜻을 함께 하였습니다. 하지만 정도전은 고려 왕조를 뒤엎고 새 나라를 건설하자고 주장하였고, 정몽주는 고려를 유지한 채 개혁하자고 주장하였습니다.

4 이성계의 아들인 이방원은 정몽주가 살아 있는 한, 새로운 나라 건설은 불가능하다는 것을 깨달았습니다. 만약 정몽주가 조선 건국에 협조했다면, 훌륭한 선비였던 정몽주는 조선에서 큰 활약을 했을 것입니다.

5 정도전 등 고려를 무너뜨리고 새로운 왕조를 세울 것을 주장한 사람들의 의견이 받아들여지지 않고, 정몽주 등 고려 왕조를 유지한 채 개혁을 하자고 주장한 사람들의 의견이 받아들여졌다면 고려가 더욱 발전할 것이라는 생각과 그래도 멸망하였을 것이라는 생각으로 자유롭게 써 봅니다.

2 한양으로 도읍을 옮기다

1 다음 친구들의 설명에서 잘못된 곳에 밑줄을 긋고, 알맞게 고쳐 써 보세요.

> 태조 이성계는 도읍을 한양으로 옮기고 무학 대사를 한양 설계의 총책임자로 삼았어요.

> 조선의 도읍인 한양은 불교 정신에 따라 설계되었어요.

정도전을

유교

2 다음 자료를 보고, 장소의 이름을 써 보세요.

이곳은 왕과 왕비의 혼이 담긴 위패를 모신 곳이에요. 유교 국가 조선에서는 효를 중요하게 여겨 이곳에서 왕실의 조상에게 제사를 지냈어요.

종 묘

이곳은 토지의 신과 곡식의 신에게 제사를 지낸 곳이에요. 농사를 중요하게 여긴 조선의 왕은 이곳을 만들어 제사를 지냈어요.

사 직 단

3 다음은 조선이 한양으로 도읍을 옮기고, 도성을 건설하는 과정이에요. 바른 길을 찾아 ( ) 안에 ○, ×를 채우면서 ➡를 따라 최종 목적지에 도착해 보세요.

1 예 한강을 끼고 있고 바다도 가까워, 뱃길을 이용해 세금을 걷기 쉬웠기 때문이에요. / 한반도 중앙에 위치하고 있어, 교통이 편리하기 때문이에요.

2 ① 예 근정전: 부지런하게 일하라는 뜻이다. / 사정전: 생각하고 또 생각해서 일하라는 뜻이다.

　② 예 근정전 → 열린전, 마음을 열고 모든 신하들의 의견에 귀를 기울이라는 뜻이다. / 사정전 → 사랑전, 백성을 사랑하는 마음으로 나랏일을 하라는 뜻이다.

3 ① 정

　② 인

　③ 례

　④ 신

　⑤ 예 조선의 백성들이 유교 정신을 실천하며 살기를 바라는 마음으로 지었다.

4 예 궁궐을 크게 지으려면, 공사에 백성들이 많이 동원되고 돈도 많이 들어 세금도 많이 걷어야 하기 때문에 백성들의 고통이 클 것이다. / 백성들에게 부담을 주지 않으려고 경복궁을 소박하게 지은 것이다.

해설

1 한양은 한반도의 중앙에 위치해 있어 교통이 편리할 뿐만 아니라, 산으로 둘러싸여 있어 외적의 침입을 막기도 쉬웠습니다. 또한 한강을 이용한 뱃길로 세금을 걷기도 편해 도읍으로 적합하였습니다. 그래서 조선 이전의 고구려, 백제, 신라 등 여러 나라들도 한강 유역을 차지하기 위해 서로 다투었습니다.

2 조선 건국의 일등 공신인 정도전은 새로운 나라의 궁궐과 도성 설계의 총책임을 맡아서 각각의 건물에 자신의 생각을 담아 이름을 지었습니다. 정도전은 임금은 백성을 위해 열심히 일해야 하고, 신하들과 함께 의논해서 나랏일을 펼쳐야 한다고 생각하여 건물 이름을 근정전, 사정전 등으로 지었습니다.

3 조선은 유교 정신을 바탕으로 건국되었습니다. 정도전은 도성을 건설하고 건물에 유교 정신이 담긴 이름을 지었습니다. 그는 건물 이름에 조선의 백성들이 어질고, 의롭고, 예의 있고, 지혜로우며, 믿음이 있는 유교 정신을 실천하며 행복하게 살기를 바라는 마음을 담았습니다.

4 정도전은 조선이라는 나라가 백성을 위하는 나라가 되기를 바랐습니다. 그래서 경복궁을 지을 때에도 백성들이 고생하지 않도록 작고 검소하게 지었습니다. 백성들에게 높은 세금을 거두고, 백성들을 궁궐 공사에 동원하면 백성들의 고통이 커질 것이라고 생각하였기 때문입니다.

3 조선의 과학을 꽃피운 세종

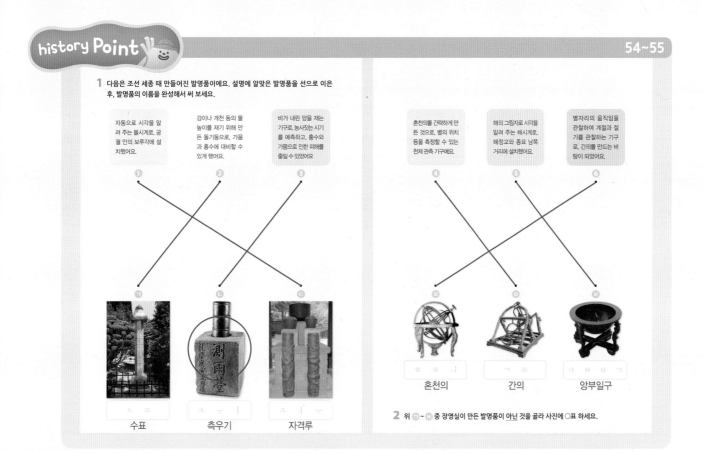

1 다음은 조선 세종 때 만들어진 발명품이에요. 설명에 알맞은 발명품을 선으로 이은 후, 발명품의 이름을 완성해서 써 보세요.

① 자동으로 시각을 알려 주는 물시계로, 궁궐 안의 보루각에 설치했어요.

② 강이나 개천 등의 물높이를 재기 위해 만든 돌기둥으로, 가뭄과 홍수에 대비할 수 있게 했어요.

③ 비가 내린 양을 재는 기구로, 농사짓는 시기를 예측하고, 홍수와 가뭄으로 인한 피해를 줄일 수 있었어요.

④ 혼천의를 간략하게 만든 것으로, 별의 위치 등을 측정할 수 있는 천체 관측 기구예요.

⑤ 해의 그림자로 시각을 알려 주는 해시계로, 혜정교와 종묘 남쪽 거리에 설치했어요.

⑥ 별자리의 움직임을 관찰하여 계절과 절기를 관찰하는 기구로, 간의를 만드는 바탕이 되었어요.

ㅅ ㅍ
수표

ㅊ ㅇ ㄱ
측우기

ㅈ ㄱ ㄹ
자격루

ㅎ ㅊ ㅇ
혼천의

ㄱ ㅇ
간의

ㅇ ㅂ ㅇ ㄱ
앙부일구

2 위 ㉠ ~ ㉧ 중 장영실이 만든 발명품이 아닌 것을 골라 사진에 ○표 하세요.

1 ④ 예 『농사직설』은 각 지방의 농부들이 농사짓는 방법을 수집하여 우리 땅에 적합한 농사법을 집현전의 학자인 정초가 정리하여 만든 책이다.

2 ① 예 측우기는 강우량을 측량하는 기구로, 농사지을 시기를 알 수 있었고, 홍수와 가뭄의 피해를 줄여 주었다.

3 ① ㉢ → ㉠ → ㉣ → ㉡

② 예 백성들에게 시간을 알려 주기 위해 만들었다. / 해시계인 앙부일구는 날씨가 흐리거나 캄캄한 밤에는 시간을 알 수 없었지만 물시계인 자격루는 언제나 시간을 알 수 있었다.

4 예 과학 창의 / 조선 백성들이 생활하는 데 도움이 되는 창의적인 과학 발명품을 많이 만들었기에

1 『농사직설』은 우리 땅과 기후에 딱 맞는 농사법을 담은 책입니다. 당시 조선의 농민들은 중국에서 들여온 농사 책을 참고하여 농사를 지었습니다. 그런데 조선과 기후와 풍토가 다른 중국의 농사법을 참고해서 농사를 지으니 효과적인 생산을 기대할 수가 없었습니다. 그래서 세종은 각 지방 농부의 경험담을 수집하여 이것을 바탕으로 하여 정초에게 『농사직설』을 만들라고 명하였습니다.

2 측우기는 세종 때 당시 세자였던 문종이 발명한 강우량 측정 기구입니다. 측우기가 발명되면서 각 지방의 강우량을 정확하게 잴 수 있게 됨으로써 농사지을 시기 등 농사에 도움을 받을 수 있게 되었습니다. 또한 가뭄과 홍수에 대비할 수 있었을 뿐만 아니라, 측우기로 잰 강우량을 참고하여 각 지방의 세금을 책정하기도 하였습니다.

3 자동 물시계인 자격루에서 잰 시각은 나라의 표준 시각이 되었습니다. 세종은 궁궐 안에 보루각을 지어 자격루를 놓아 두고, 정확한 시각을 측정하여 백성들에게 알렸습니다. 해시계인 앙부일구는 비가 오거나 날씨가 흐린 날, 캄캄한 밤에는 시간을 알 수 없었지만, 물시계인 자격루는 날씨에 상관없이 항상 시간을 알 수 있었습니다.

4 장영실은 노비 출신이었지만, 세종은 과학 천재인 장영실을 등용하였습니다. 장영실은 여러 과학 발명품을 만들어서 조선 백성들의 생활을 편리하게 만들어 주었습니다.

4 훈민정음의 탄생

history Point

1 다음에서 설명하는 알맞은 말을 보기 에서 찾아 쓰세요.

보기   최만리   주시경   세종 대왕   『훈민정음』『해례본』『삼강행실도』

① 훈민정음을 만든 까닭과 사용 방법을 설명해 놓은 책은? (훈민정음 해례본)

② 훈민정음 반포를 강력하게 반대한 집현전의 대표 학자는? (최만리)

③ '한글'이라는 용어를 처음으로 사용해서 정착시킨 인물은? (주시경)

2 친구들이 훈민정음에 대해 이야기를 하고 있어요. 알맞게 이야기한 친구에게 ○, 잘못 말한 친구에게 ×를 해 보세요.

훈민정음이 반포되자 궁궐의 여인들과 서민들은 새 글자를 열심히 배웠어. ○

세종은 훈민정음으로 『용비어천가』를 지어 조선 건국의 정당성을 보여 주려고 했잖아. ○

연산군은 조선의 왕 중에서 훈민정음을 가장 아끼고 사랑했던 왕이었어. ×

일제 강점기에 일본은 한글을 적극적으로 권장해 쓰게 했어. ×

3 다음은 세종이 훈민정음을 창제하고 반포하는 과정이에요. 답이 ○인 길을 따라가 함정에 빠지지 않고 훈민정음을 무사히 반포할 수 있도록 최종 목적지에 도착해 보세요.

출발

세종은 백성들이 쉽게 배울 수 있는 글자를 만들기로 결심했다. (○／×)

세종은 중국의 한자가 매우 우수해 우리 글이 필요없다고 생각했다. (○／×)

세종은 왕자와 공주와 함께 비밀리에 훈민정음 창제에 몰두했다. (○／×)

세종은 집현전 학자들의 적극적인 도움을 받아 훈민정음을 창제했다. (○／×)

함정

모든 집현전 학자들은 훈민정음 창제 소식을 듣고 매우 기뻐했다. (○／×)

훈민정음이 창제되자 집현전 학자를 비롯한 양반들이 거세게 반발했다. (○／×)

함정

세종은 양반들의 주장이 생각보다 강력하자 훈민정음 반포를 포기했다. (○／×)

1446년, 세종은 훈민정음을 반포하여 온 나라 백성들이 배우게 했다. (○／×)

함정

훈민정음 반포

1 예 백성들이 글을 몰라 억울한 일을 당하지 않게 하고 백성들에게 유교 사상을 심어 주기 위해서 쉽게 배울 수 있는 새 글자를 창제한 것이다.

2 ❶ 예 왜 새 글자를 만드는 것이 오랑캐가 되는 길인가? 백성들이 글을 알면, 나라에서 시행하는 법도 잘 지킬 것이고, 충과 효 같은 유교 사상도 심어 줄 수 있으니, 오히려 사상과 문화가 발전하지 않겠는가!

  ❷ 예 훈민정음은 백성을 편하게 하기 위해 만든 것이다. 훈민정음이 이두보다 더 배우기 쉽고 쓰기 편한 문자이다.

  ❸ 예 내가 새로운 글을 만들겠다고 하면 그대들이 찬성하고 나를 도왔겠는가? 오히려 내가 하는 일을 방해하여 시작도 하지 못했을 것이 아닌가!

3 ❶ 예 중국을 섬기는 조선의 전통에 어긋나는 일이라고 생각했기 때문이다. / 한문을 사용하면서 불편함을 느끼지 못했기 때문이다. / 신분이 낮은 백성들이랑 같은 언어를 쓴다는 것이 못마땅했기 때문이다.

  ❷ 예 훈민정음은 배우고 익히기 쉬웠기 때문이다. / 한자는 익히기 어려워 그동안 생활하기 불편했기 때문이다.

  ❸ 예 나라에서 백성들에게 알려야 하는 내용을 쉽게 전달할 수 있게 되었다. / 백성들이 자신의 생각이나 뜻을 우리 글로 표현할 수 있게 되었다.

4 예 세종 대왕님께. 세종 대왕님께서는 우리나라 역사를 통틀어 가장 찬란한 발전을 이룬 시대를 만들어 주셨고, 우리 민족에게 쉽고 편하게 쓸 수 있는 위대한 한글을 만들어 주셨습니다. 세종 대왕님께서 만들어 주신 한글 덕분에 우리가 편하게 읽고 쓸 수 있게 되었습니다. 한글은 매일 쓰는 것이어서 그동안 고마움을 잘 몰랐는데, 한글이 온갖 어려움 속에서 탄생했고, 또 여러 고난을 받으면서 살아남았다는 것을 알게 되었습니다. 앞으로 한글을 더욱 아끼고 소중하게 생각하겠습니다. 세종 대왕님은 정말 우리 민족의 위대한 스승입니다.

해설

1 세종은 백성들에게 조선의 건국 이념인 유교 사상을 심어 주고, 백성들이 글을 몰라 억울한 일을 당하지 않도록 하기 위해 훈민정음을 창제하였습니다. 하루 종일 공부할 수 있는 양반들과 달리 백성들은 아침부터 저녁까지 농사일을 해야 했기 때문에 세종은 백성들이 쉽게 익힐 수 있는 글자를 만들고자 하였습니다.

2 조선의 양반들은 글을 아는 것은 양반들만이 가진 특권이라고 생각하였습니다. 또한 사대 사상을 가진 양반들은 중국의 한자를 두고 새로운 글을 만드는 것을 중국에 대한 도리가 아니라고 생각하였습니다. 그래서 세종은 비밀리에 왕자와 공주의 도움으로 훈민정음을 창제하였습니다.

3 훈민정음이 만들어진 이후 백성들은 자신의 생각을 좀 더 쉽게 전달할 수 있게 되었고, 억울한 일을 당하면 글을 써서 알릴 수 있게 되었습니다. 훈민정음이 반포되었을 당시 반대하는 양반들이 많았지만 백성들에게는 큰 환영을 받았습니다.

4 훈민정음 해례본은 국보 제70호로 지정되었고, 1997년 10월에는 유네스코 세계 기록유산에 등록되었습니다. 세종 대왕이 훈민정음을 창제함으로써 우리는 비로소 우리 글자를 갖게 되었고, 문자 생활을 편하게 할 수 있게 되었습니다. 그 덕분에 우리는 문맹률이 가장 낮은 나라가 되었습니다.

5 임진왜란이 일어나다

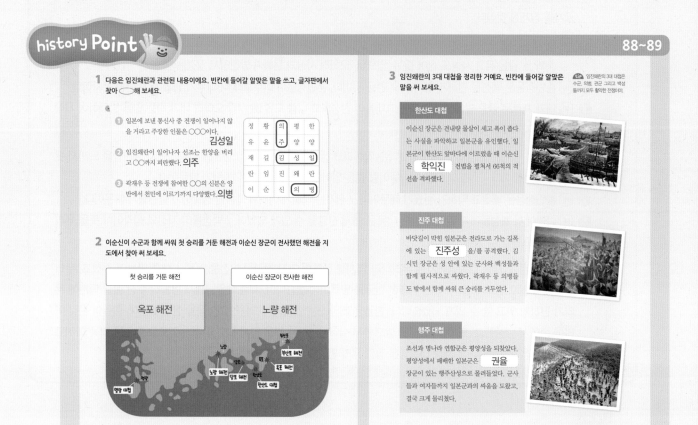

1 다음은 임진왜란과 관련된 내용이에요. 빈칸에 들어갈 알맞은 말을 쓰고, 글자판에서 찾아 ◯해 보세요.

❶ 일본에 보낸 통신사 중 전쟁이 일어나지 않을 거라고 주장한 인물은 ◯◯◯이다. **김성일**

❷ 임진왜란이 일어나자 선조는 한양을 버리고 ◯◯까지 피란했다. **의주**

❸ 곽재우 등 전쟁에 참여한 ◯◯의 신분은 양반에서 천민에 이르기까지 다양했다. **의병**

정	황	의	평	한
유	윤	주	양	양
재	길	김	성	일
란	임	진	왜	란
이	순	신	의	병

2 이순신이 수군과 함께 싸워 첫 승리를 거둔 해전과 이순신 장군이 전사했던 해전을 지도에서 찾아 써 보세요.

첫 승리를 거둔 해전	이순신 장군이 전사한 해전
옥포 해전	노량 해전

3 임진왜란의 3대 대첩을 정리한 거예요. 빈칸에 들어갈 알맞은 말을 써 보세요.

> 임진왜란의 3대 대첩은 수군, 의병, 관군 그리고 백성들까지 모두 활약한 전쟁이야.

한산도 대첩

이순신 장군은 견내량 물살이 세고 폭이 좁다는 사실을 파악하고 일본군을 유인했다. 일본군이 한산도 앞바다에 이르렀을 때 이순신은 **학익진** 전법을 펼쳐서 66척의 적선을 격파했다.

진주 대첩

바닷길이 막힌 일본군은 전라도로 가는 길목에 있는 **진주성** 을/를 공격했다. 김시민 장군은 성 안에 있는 군사와 백성들과 함께 필사적으로 싸웠다. 곽재우 등 의병들도 밖에서 함께 싸워 큰 승리를 거두었다.

행주 대첩

조선과 명나라 연합군은 평양성을 되찾았다. 평양성에서 패배한 일본군은 **권율** 장군이 있는 행주산성으로 몰려들었다. 군사들과 여자들까지 일본군과의 싸움을 도왔고, 결국 크게 물리쳤다.

1 ❶ 예 도요토미 히데요시가 전국 시대를 통일했고, 오랫동안 전쟁을 치르면서 최고의 군사력과 새로운 무기를 갖추고 있었다.

❷ 예 황윤길의 주장처럼 일본의 움직임이 심상치 않으니 전쟁에 철저히 대비하자고 보고했을 것이다.

2 찬성, 예 만약 선조가 피란하지 않아 이순신이 활약하기도 전에 일본군에게 잡혔다면, 일본에게 항복하여 나라를 빼앗겼을지도 모르는 일이다. 따라서 나라를 구하기 위해 선조가 피란 가는 것은 어쩔 수 없는 선택이었을 것이다.

반대, 예 왕의 의무는 백성이 행복하게 살 수 있도록 나라를 다스리는 것이다. 백성이 없는 나라는 나라가 아니다. 왕이 자기 사는 것에만 급급하여 백성들이 죽든 말든 도망가는 것은 옳지 않다.

3 ❶ 예 의병들은 익숙한 지형을 이용하여 적은 병력으로도 일본군에게 큰 타격을 주었다. / 일본군과 정면으로 맞서 싸우면 불리할 것을 간파한 의병들은 기습 공격을 하고 재빨리 지름길로 도망쳐 일본군들을 당황하게 만들었다.

❷ 예 일본군이 쳐들어왔다. 아! 각 지역의 선비와 백성들아! 나라를 위해 죽을 것이니 싸우러 나가자. 백성을 버리고 피란간 임금은 잊고, 우리가 직접 일본군을 물리쳐 나라와 백성을 지키자. 쟁기를 던지고 일어나 나가 싸우자.

4 태형, 다현, 서준 / 예 전술에 뛰어나고, 부하들을 아끼고 사랑하는 장군이었다.

1 조선은 건국 이래 200년 동안 큰 전쟁 없이 평화롭게 지내 국방에 소홀했습니다. 당시 대부분의 신하들은 일어나지도 않은 전쟁을 위해 쓸데없이 나랏돈을 쓰고, 백성을 동원해 원성을 살 필요가 없다고 생각했습니다. 그래서 조선은 임진왜란을 대비할 기회를 놓치고 말았습니다.

2 그 당시에는 임금이 전쟁 중에 잡히면 전쟁이 끝났기 때문에 임금이 무사한 것이 중요하였습니다. 하지만 선조가 피란가면서 나라에 남아 있는 백성을 위해 어떤 일을 했다는 기록이 없습니다. 백성들을 내버려 두고 자기 살기에 바빠 도망가기에 급급한 임금을 보며 백성들은 원망했을 것입니다.

3 외적의 침입으로 나라가 큰 위기를 맞이하였을 때마다 의병장들은 나라를 구하는 일에 뜻을 함께할 것을 호소하는 글을 써서 전국의 많은 의병을 모아 적과 싸웠습니다. 의병은 익숙한 지형을 이용하여 적은 병력으로도 일본군에게 큰 타격을 주었습니다.

4 이순신은 단 한 척의 아군 함선을 잃지 않으면서 300여 척의 적선을 격파하지만 단 한 번의 패전도 없었습니다. 그 까닭은 이순신이 뛰어난 전략가였으며, 전투 전에 철저하게 준비했기 때문입니다. 또한 이순신은 부하들에게 공을 넘겼으며 백성들의 고통을 안타깝게 여겨 전쟁이 없을 때는 군사들이 백성들과 함께 농사를 짓게 하였습니다. 이것들을 팔아서 백성과 군사들을 먹이고 돌보았습니다.

6 병자호란, 누구의 책임인가

history Point

1 다음 자료를 보고 빈칸에 들어갈 전쟁 이름을 써 보세요.

> 전쟁 이름 짓는 방법:
> 전쟁이 일어난 해 + 외적(나라) + 어지러울 란(亂)
> 예 임진년(1592년) + 왜(일본) + 란 = 임진왜란

정묘년(1627년) + 호(후금) + 란 = **정묘호란**

병자년(1636년) + 호(청) + 란 = **병자호란**

2 친구들의 이야기를 듣고, 알맞은 말에 ○표 해 보세요.

○ 남한산성 전경

여기는 (정묘호란, **병자호란**)과 관련이 깊은 곳이야.

(광해군, **인조**)이/가 청나라에 맞서 싸운 곳이야.

이곳을 나와 임금이 (**삼전도**, 강화도)에서 항복했어.

이곳은 험한 산으로 둘러싸여 외적을 방어하는 데 (**유리했어**, 불리했어).

3 다음 빈칸에 알맞은 말을 쓰고, 병자호란이 일어난 시간 순서대로 번호를 나열해 주세요.

① 조선의 신하들은 광해군을 왕의 자리에서 내쫓고, 인조를 새로운 왕으로 세웠어요. 인조는 왕이 되자마자, 후금을 멀리하고 **명나라** 을/를 돕겠다고 했어요.

② 후금이 나라 이름을 **청** (으)로 바꾸고, 조선에 군신 관계를 요구했어요. 하지만 조선은 이를 거절했고, 청나라가 10만 군사를 이끌고 조선을 침략했어요.

③ 조선이 명나라 편에 서자, 후금이 조선을 쳐들어왔어요. 하지만 후금을 물리칠 힘이 없던 조선은 후금과 **형제** 관계를 맺기로 했어요.

④ 인조는 남한산성으로 도망갔지만, 청나라 군대에 에워싸여 추위와 굶주림 속에 갇혀 있어야 했지요. 결국 인조는 **삼전도** 에서 청나라 황제에게 항복했어요.

$$\boxed{1} \rightarrow \boxed{3} \rightarrow \boxed{2} \rightarrow \boxed{4}$$

1 **❶** 중립 외교 정책

　　❷ 〔예〕 조선은 임진왜란 후 폐허 상태였다. 전쟁이 다시 일어나기를 원하지 않았던 광해군은 명나라와 후금 사이에서의 중립 외교를 통해 전쟁을 막고자 하였다.

2 **❶** 〔예〕 명나라가 임진왜란 때 조선을 도와줘서 고맙긴 하지만 힘이 약해져 가고 있었고, 후금의 힘이 강해지고 있었기 때문에 어쩔 수 없이 중립을 지켰을 것이다. 중립을 지키지 않고 명나라 편을 들어 주었다가 후금이 쳐들어올 수 있고, 후금 편을 들어 주었다가 명나라가 화가 나서 전쟁을 일으키거나 조선의 신하들이 화가 나서 반란을 일으킬 수도 있기 때문이다.

　　❷ 〔예〕 그동안 조선이 명나라와 사대 관계를 맺고 있었고, 임진왜란 때도 군사를 보내 주어 전쟁을 도왔으니 명나라와 가까이 지내고 오랑캐인 후금을 멀리할 것이다. 만약 이에 후금이 화가 나서 조선에 쳐들어온다면 임진왜란 때처럼 명나라와 힘을 합쳐 후금을 물리칠 것이다.

　　❸ 〔예〕 명나라와 후금 사이에서 조선이 중재자가 되어 회담을 가진다. 명나라가 원하는 것과 후금이 원하는 것을 서로 나누면서 양보하고 타협할 수 있도록 자리를 마련한다.

3 〔예〕 청나라에 항복해야 합니다. 지금 남한산성에는 식량도 무기도 없습니다. 청나라 군사들이 성 밖을 에워싸고 있어 외부의 도움을 받을 수도 없습니다. 또한, 강화도에 있는 왕족들도 포로가 되었습니다. 더 이상 백성들이 전쟁으로 고통받지 않게 청나라에 항복하여 살길을 찾는 것이 옳습니다. / 청나라와 계속 싸워야 합니다. 오랑캐의 나라인 청나라에게 항복하여 그들의 신하가 되는 것은 조선 역사에서 지울 수 없는 치욕이 될 것입니다. 굴욕적인 치욕을 겪느니, 차라리 죽는 것이 낫습니다. 목숨이 다할 때까지 청나라와 싸워야 합니다. 항복은 절대 안 됩니다.

4 **❷** ○ / 〔예〕 병자호란에서 패한 조선은 청나라 황제에게 항복하고, 청나라의 신하 나라가 되었어요.

해설

1 광해군이 임금일 때, 조선은 막 임진왜란을 끝내고 전쟁의 피해를 복구하고 있었습니다. 광해군은 나라를 살리고 백성을 돌보는 일에 힘썼습니다. 이때 또다시 조선이 전쟁에 휩쓸리게 된다면 안 된다고 생각한 광해군은 명분보다 실리를 앞세운 중립 외교를 통해 전쟁을 피하고자 하였습니다.

2 병자호란이 일어나기 전 명나라가 쇠퇴하고 후금이 성장하는 상황에서 광해군은 신중한 중립 외교 정책을 펼치며 전쟁에 휘말리려 하지 않았습니다. 반면 인조는 명나라를 가까이하고 후금을 멀리하였습니다. 이를 계기로 결국 후금은 조선을 두 차례에 걸쳐 침략하였습니다.

3 조선의 많은 대신들은 오랑캐라 여긴 청나라에 항복하는 것을 수치로 여겨 끝까지 싸우자고 주장하였지만, 현실적으로 조선은 청나라와 싸워 이길 힘이 없었습니다. 백성들의 희생이 더 커질 수밖에 없는 상황이었습니다. 인조도 그 상황을 알고 있었기 때문에 결국 청나라에 항복하는 길을 선택하였습니다.

4 중국 대륙에서 가장 큰 세력으로 성장한 청나라는 조선에 군신 관계를 요구하였습니다. 하지만 조선의 사대부들은 절대 청나라의 신하가 될 수 없다고 버텼습니다. 그 때문에 조선은 청나라의 침입을 받았고, 결국 치욕적인 항복을 하면서 청나라의 신하 나라가 되었습니다.

7 수원 화성, 정조의 꿈을 품다

1 다음 물음에 알맞은 말을 찾아 써 보세요.

초계문신　거중기　채제공　탕평책　사도세자　혜경궁 홍씨

❶ 영조와 정조가 붕당 간의 싸움을 없애기 위해 마련한 정책은?
（　탕평책　）

❷ 영조의 아들이자 정조의 아버지로, 뒤주에 갇혀 죽은 인물은?
（　사도 세자　）

❸ 도르래를 이용해 적은 힘으로도 무거운 돌을 들어 올릴 수 있도록 만든 기구는?
（　거중기　）

2 다음 단어들과 연관된 인물은 누구인지 써 보세요.

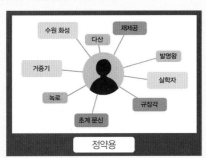

수원 화성　채제공　다산　발명왕　거중기　실학자　녹로　규장각　초계문신

정약용

3 백성들이 수원 화성을 짓고 있어요. 빈칸에 들어갈 백성들의 알맞은 말을 써 보세요.

❶ 정약용이 만든 거중기 덕분에 무거운 돌을 들어 올릴 수 있잖아.

❷ 물건을 높은 곳이나 먼 곳으로 옮기는 녹로 도 정약용이 만들었지.

❸ 화성을 지을 때 임금님께서 특별히 돈 을/를 주고 일을 맡기셨으니 더욱 열심히 일할 거야.

❹ 여름에는 ＿＿ 을/를 주시고, 겨울에는 털모자 도 주시니, 임금님이 백성들을 얼마나 사랑하는지 알겠어.

더위를 쫓는 약

1 ❶ – ㉡ 화성 행차
　❷ – ㉢ 수원 화성
　❸ – ㉠ 규장각
　❹ 예 인재를 뽑은 후 규장각을 만들어 학문을 연구하게 했고, 함께 나랏일을 의논했다. 정조는 수원 화성을 건설해 개혁 정치를 펼치고자 했다. 정조는 개혁 의지를 보여 주기 위해 화성 행차에 나섰다.

2 예 효심이 깊었던 정조는 어머니 회갑을 축하하면서, 동시에 어머니와 동갑이었던 아버지인 사도 세자의 한을 풀어드리기 위해 회갑 잔치를 열었다.

3 예 엄마, 저는 학교와 학원에 다녀와서 숙제를 하고 나면 캄캄한 밤이 돼요. 저는 책 읽는 것도 좋아하고, 축구도 좋아하는데 제가 좋아하는 것을 할 시간이 없어요. 학원을 조금만 줄여 주세요.

4 예 정조는 억울하게 죽은 아버지 사도 세자의 묘를 옮기고자 하였는데 그곳이 수원이었다. 아버지 묘와 가까운 곳에 수원 화성을 건설하여 왕권을 강화시키고 개혁 정치를 펼치고자 하였다. 또한 백성 모두 잘사는 도시를 만들고자 하였다.

1 정조는 인재를 뽑아 정치를 안정시키고자 노력하였습니다. 그리하여 규장각을 설치하였고 학자들과 함께 나랏일을 의논하였습니다. 정조는 과학 기술을 이용하여 수원 화성을 건설하였고, 개혁 정치의 중심지로 삼았습니다. 이를 백성들에게 알리기 위해 화성 행차를 성대히하였습니다.

2 정조는 어머니 혜경궁 홍씨의 회갑 잔치에 수원에 사는 노인을 초청하여 양로연을 베풀고, 홀아비, 과부, 고아, 자식 없는 노인, 가난한 사람들에게 쌀과 소금을 무료로 나누어 주었습니다. 정조는 어머니의 회갑 잔치를 성대하게 치름으로써 어머니와 동갑이었던 아버지의 한을 풀어 준 것입니다.

3 정조는 왕이 궁궐에만 있으면 백성들의 고통을 알 수 없다고 생각하였습니다. 정조는 24년간 왕위에 있으면서 75회나 궁궐 밖으로 나와 백성들의 형편을 살피고, 백성들의 목소리를 직접 들었으며, 여러 가지 잘못된 형벌을 바로잡아 백성들이 억울하게 벌을 받지 않도록 하는 데 정성을 다하였습니다.

4 아버지 사도 세자의 묘를 먼저 터가 좋은 수원으로 옮긴 후, 묘와 가까운 곳에 수원 화성을 건설하였습니다. 수원 화성은 1794년 건설을 시작하여 1796년 3년 만에 완성한 성입니다. 수원 화성에서 정조는 강력한 왕권을 중심으로 개혁 정치를 펼치고자 하였고, 모든 백성들이 잘 사는 도시를 꿈꾸며 화성을 건설하였습니다.

8 서민들이 문화를 즐기다

history Point

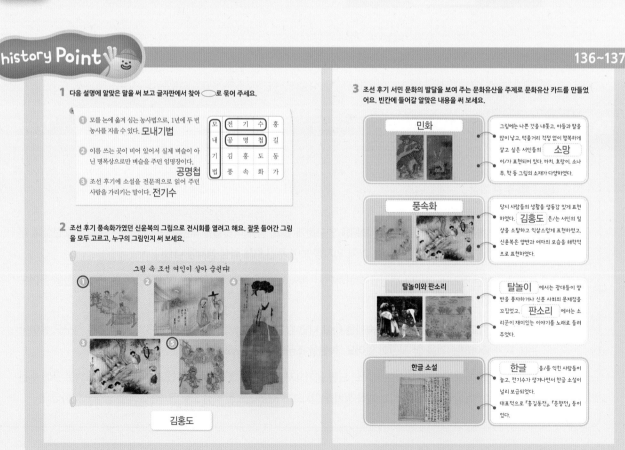

1 다음 설명에 알맞은 말을 써 보고 글자판에서 찾아 ◯로 묶어 주세요.

① 모를 논에 옮겨 심는 농사법으로, 1년에 두 번 농사를 지을 수 있다. **모내기법**

② 이름 쓰는 곳이 비어 있어서 실제 벼슬이 아닌 명목상으로만 벼슬을 주던 임명장이다. **공명첩**

③ 조선 후기에 소설을 전문적으로 읽어 주던 사람을 가리키는 말이다. **전기수**

모	전	기	수	홍
내	공	명	첩	길
기	김	홍	도	동
법	풍	속	화	가

2 조선 후기 풍속화가였던 신윤복의 그림으로 전시회를 열려고 해요. 잘못 들어간 그림을 모두 고르고, 누구의 그림인지 써 보세요.

그림 속 조선 여인이 살아 숨쉰다!

① ② ④

③ ⑤

김홍도

3 조선 후기 서민 문화의 발달을 보여 주는 문화유산을 주제로 문화유산 카드를 만들었어요. 빈칸에 들어갈 알맞은 내용을 써 보세요.

민화
그림에는 나쁜 것을 내쫓고, 아들과 딸을 많이 낳고, 먹을거리 걱정 없이 행복하게 살고 싶은 서민들의 **소망** 이(가) 표현되어 있다. 까치, 호랑이, 소나무, 학 등 그림의 소재가 다양하였다.

풍속화
당시 사람들의 생활을 생동감 있게 표현하였다. **김홍도** 은/는 서민의 일상을 소탈하고 익살스럽게 표현하였고, 신윤복은 양반과 여자의 모습을 해학적으로 표현하였다.

탈놀이와 판소리
탈놀이 에서는 광대들이 양반을 풍자하거나 신분 사회의 문제점을 꼬집었고, **판소리** 에서는 소리꾼이 재미있는 이야기를 노래로 들려주었다.

한글 소설
한글 을/를 익힌 사람들이 늘고, 전기수가 생겨나면서 한글 소설이 널리 보급되었다. 대표적으로 『홍길동전』, 『춘향전』 등이 있다.

1 ➊ ㉯ 훈장님이 아끼던 꿀단지의 꿀이 없어졌기 때문이다. 훈장님은 분명 장난꾸러기 만복이의 짓일 거라 생각하고 회초리로 때렸지만, 만복이는 억울하다. / 훈장님의 콤플렉스는 머리카락이 많이 없다는 것이다. 그런데 어떤 아이가 대머리라고 놀렸다. 화가 난 훈장님이 회초리로 종아리를 때렸다.

➋ ㉯ 책상과 의자가 없다. / 훈장님 옆에 서예 도구가 있다. / 훈장님 옆에 회초리가 있다. / 신발을 벗고 바닥에 앉아 수업을 한다. / 교탁이나 칠판이 없다. / 옷차림이 다르다.

2 ➊ ㉯ 놀부는 근검절약 정신이 뛰어나 부자가 되었다. 재산을 늘리기 위해 제비 다리를 일부러 부러뜨린 걸 보면 대단히 꾀가 많은 사람 같다.

➋ ㉯ 흥부는 가난한데 대책 없이 자식을 많이 낳았다. 놀부 형님에게 부모님의 유산이 다 넘어갔는데도 자신의 몫을 못 챙기는 바보다.

3 [해설참고]
㉯ 좋은 일만 있고 거북이처럼 오래오래 건강하게 살고 싶다.

4 ㉯ 양반은 쓸데없이 체면만 차리고, 백성들에게 못된 짓만 저지르네. 아무리 돈이 많아도 백성들을 괴롭히는 양반은 절대 안 하겠어.

[해설]

1 조선 후기 대표적인 풍속화가였던 김홍도는 서민들이 사는 모습을 있는 그대로 그렸습니다. 그는 그림을 통해 교훈을 주려고 하기보다는 웃음과 즐거움을 주고자 하였습니다. 이 그림을 보면 훈장님은 엄격하고 무서운 모습이 아니라, 아이가 울자 곤란해 하는 모습입니다. 또한 훈장님의 머리는 듬성듬성 나 있어 웃음을 자아냅니다. 그림에서 오늘날 교실의 모습과 다른 점을 살펴보며 당시의 생활 모습을 짐작해 볼 수 있습니다.

2 조선은 첫째 아들에게 재산을 모두 물려 주어 흥부와 같은 신세가 된 사람들이 많았습니다. 그래서 조선 백성들은 흥부가 박을 타서 복을 받는 장면에서 큰 기쁨을 느꼈을 것입니다. 하지만 시대가 변해 우리는 조선과 다른 사회를 살아갑니다. 조선 시대 사람을 다른 관점으로 생각해 보면서 오늘날과 조선 시대 사람들을 비교해 봅니다.

3 ㉯

백성들은 민화에 자신들의 소망을 담았습니다. 오래 살면서 큰 복을 받기 위해 '복 복(福)' 자와 '목숨 수(壽)'가 잔뜩 그려진 그림을 걸어 놓기도 하고, 친근하고 귀엽게 생긴 호랑이 그림을 걸어 놓아 나쁜 기운을 쫓아내려고 하였습니다. 민화는 이름 모를 화가들이 그린 그림으로 백성들의 소망을 담아 그린 그림입니다.

4 탈놀이에는 서민들의 생각과 감정이 잘 녹아 있습니다. 탈놀이가 시작되면 탈을 뒤집어쓴 놀이꾼이 양반의 잘못을 콕콕 꼬집고, 어리석다고 비웃기도 하면서 백성들의 응어리진 마음을 통쾌하게 풀어 주었습니다. 조선 시대 백성들은 탈놀이를 보는 그때만큼은 신분과 형편을 다 잊고 손뼉을 치고 크게 웃으면서 공연을 감상하고 큰 위로를 받았습니다.

76~77

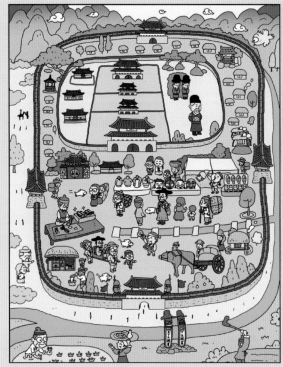
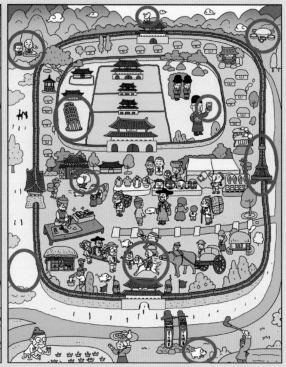

142~143

MEMO

MEMO

기적의 학습서
오늘도 한 뼘 자랐습니다

길벗스쿨